KB005273

모두의 운동장

BOOK
JOURNALISM

모두의 운동장

발행일 ; 제1판 제1쇄 2023년 2월 27일
지은이 ; Zephyrus 발행인·편집인 ; 이연대
CCO ; 신아람 에디터 ; 이현구
디자인 ; 권순문 지원 ; 유지혜 고문 ; 손현우
펴낸곳 ; ㈜스리체어스 _ 서울시 중구 한강대로 416 13층
전화 ; 02 396 6266 팩스 ; 070 8627 6266
이메일 ; hello@bookjournalism.com
홈페이지 ; www.bookjournalism.com
출판등록 ; 2014년 6월 25일 제300 2014 81호
ISBN ; 979 11 92572 66 6 03300

BOOK
JOURNALISM

모두의 운동장

Zephyrus

: 스포츠는 오랜 시간 생물학적 성(性)으로 구분되어 존재해왔고, 이는 공정성에 대한 하나의 믿음이자 성(城)이었다. 전통적 관점에서 트랜스젠더라는 새로운 성(性)의 존재가 자연 질서의 파괴로 보이는 이유다. 공정과 포용의 딜레마를 넘어 새로운 기준이 필요하다.

차례

프롤로그　　　　　전례 없는 선수의 등장

2021년에 치러진 2020 도쿄 올림픽 역도 경기에 전례 없는 선수가 출전했다. 남성의 신체 조건을 가진 뉴질랜드 여자 역도 대표팀 선수, 로렐 허버드Laurel Hubbard다. 그[1]의 출현에 세계의 이목이 쏠렸다. 허버드는 여자 최중량급인 87킬로그램 이상급 A그룹 경기에서 인상 1, 2, 3차 시기를 모두 실패해 실격 판정을 받았다. 경기 후 취재진 앞에 선 허버드는 "출전에 대해 논란이 많다는 것을 알고 있다"라고 밝히며 자신의 출전을 적극 지원해 준 뉴질랜드 올림픽 위원회(NZOC·New Zealand Olympic Committee), 일본 도쿄 올림픽·패럴림픽 조직 위원회, 국제 올림픽 위원회(IOC·International Olympic Committee) 등에 감사를 표했다.

남자로 태어나 105킬로그램급 역도 선수로 활약했던 개빈 허버드Gavin Hubbard는 2012년 성전환 수술을 받으며 이름을 '로렐'로 개명, 여자 역도 선수로 활동했다. IOC는 성전환 선수가 올림픽 여성부 대회에 출전하려면 성전환 후 첫 대회 직전 12개월 동안 남성 호르몬인 테스토스테론의 혈중 농도가 혈액 1리터당 10나노몰nm/L 이하여야 한다는 기준을 제시했다. 그는 2015년부터 2016년까지 여러 차례에 걸쳐 테스트를 받았다. 마침내 2016년 IOC가 제시한 수치 아래로 유지에 성공하자 허버드는 여자 역도 선수의 자격을 획득할 수 있었다. 그는 성性을 바꾼 뒤 2017년 뉴질랜드 여성 국가 대표

2020 도쿄 올림픽에 출전한 로렐 허버드 ⓒCBC News 유튜브

선수로 발탁, 12월 미국 캘리포니아주 애너하임에서 열린 세계 역도 선수권 대회에서 은메달을 획득하며 뉴질랜드 역도 역사상 동 대회에서 메달을 딴 첫 선수로 기록되었다.

　　성전환한 선수의 스포츠 대회 참여가 늘어나고 있다. 허버드의 사례는 여러 트랜스젠더 선수의 이야기 중 하나일 뿐이다. 미디어가 주목하기 전에도 그들은 엄연히 존재했다. 그럼에도 허버드의 사례가 세계 스포츠인들과 팬들에게 뜨거운 논란을 불러일으킨 것은 그 무대가 올림픽이기 때문이다. 엘리트 스포츠는 승패가 냉정하게 갈리는 세계다. 허버드의 등장은 엘리트 스포츠, 그것도 세계인의 축제인 올림픽에 큰 난제를 안겼다. 하지만 언제나 그렇듯 무대 조명이 꺼지면 관객은 떠난다. 올림픽 같은 국제 스포츠 대회의 특성상 논란이나 환호의 열기는 늘 일회성으로 끝나기 마련이다. 제도적·사회적 논의 없이 휘발한 이 이슈는 또 다른 트랜스젠더 선수의 스포츠 경기 참여가 문제시될 것을 암시하고 있었다.

로렐 허버드는 리아 토머스Lia Thomas에 비해 덜 논쟁적이었다. 결국 올림픽에서 메달 획득에 실패했기 때문이다. 반면 토머스는 올림픽에 출전하기 전부터 미국을 발칵 뒤집고 있다. 2019년까지 미국 펜실베니아대학교 소속 남자 수영 선수였던 윌 토마스Will Thomas는 성전환 후 리아 토머스로 개명했다. 그는 2021년 12월 미국 애크런대학교에서 열린 전미대학체육협회(NCAA·National Collegiate Athletic Association)가 주관한 '2021 지피인비테이셔널Zippy Invitational' 여성부 경기에 참가해 대회 신기록을 세우며 우승했다. 2위 선수와는 무려 38초나 차이가 났다. 2위와 3위 선수의 기록차가 3초가량이었던 것을 고려하면 압도적인 격차였다. 그 와중에 토머스가 지난 어떤 대회에서 일부러 속도를 줄여 승부를 조작했다는 의혹이 익명의 제보자에 의해 보도되었다. 참가 자격 논란을 피하고자 일부러 우승을 포기했다는 내용이다. 속도를 고의로 줄였는지 알 길은 없으나 토머스의 월등한 기량이 제보에 힘을 실어줬다.

미국은 분열했다. NCAA가 토머스를 품은 것에 대해 옹호와 반대의 입장이 팽팽히 맞선 것이다. 토머스의 출전 당일,

트랜스젠더 수영 선수 리아 토머스 ⓒABC News 유튜브

경기장 밖에는 토머스의 여성 스포츠 참가에 반대하는 시위가 벌어졌다. 경기장 내부에도 비슷한 장면이 연출됐다. '여성 스포츠를 구하자'라는 현수막이 곳곳에 등장했고, 토머스가 인터뷰를 하는 도중 관중석에서 토머스를 사기꾼으로 지칭하는 야유도 쏟아졌다. 학부모들도 토머스의 불공정한 이점을 비판하는 서한을 NCAA에 보냈다. 한편 영국의 온라인 매체 인디펜던트Independent는 토머스의 기록을 두고 "생태계를 파괴할 정도의 위력이라고 보기 어렵다"라며 옹호하기도 했다.

정치권도 목소리를 높이며 서로 맞불을 놨다. 주州마다 트랜스젠더 선수의 경기 참여를 우회적으로 제한하는 법률이 제정되기 시작했다. 미국을 필두로 세계 곳곳에서 트랜스젠더 선수 문제가 논의되고 있으며 코로나 종식과 함께 각종 스포츠 경기가 활기를 되찾음에 따라 논쟁은 더 뜨거워질 전망이다.

이 이슈는 언뜻 간단하기도, 복잡하기도 하다. 트랜스 여성(남성에서 여성으로 성전환한 트랜스젠더)의 여성 스포츠 참여 반대론자는 트랜스 여성 선수가 명백한 신체적 이점을 전제로 스포츠의 고유 가치인 공정성에 치명타를 입힌다고 주장한다. 소수의 권리를 위해 다수의 권리가 희생되고 있다는 논지다. 찬성론자는 신체적 이점이 과학적으로 증명되지 않았음을 근거로 트랜스젠더의 경기 참여 금지는 차별이라고 주장한다. 즉, 사회적 성 선택에 의한 차별은 없어야 한다는 논지다.

대한민국 사회에서는 트랜스젠더 선수의 스포츠 경기 참여 자체에 무관심하거나 그 자체가 비현실적으로 치부된다. 그러나 지금 세계에서는 다양한 종목의 트랜스젠더 선수들이 생물학적 성별로 나뉜 경기에 참여하고 있다. 특히 트랜스 여성 선수의 여성 스포츠 참여 논란은 전 세계 시민 사회와 정치권을 뒤흔들고 있다. 시민 사회의 관심 부재는 그렇다 쳐도 누구보다 이 문제에 앞장서야 할 대한민국 스포츠계마저 이러한 사안에 무감각하고 진지한 논의조차 부재한 실정이다.

스포츠 강국으로 불리는 대한민국도 논의를 시작할 때가 됐다. 스포츠계의 새로운 바람은 머지않은 미래에 대한민국에도 불어올 것이다. 생물학적 성, 사회적 성, 젠더 공정성, 국제 사회의 통념과 제도, 생리학 등 이 이슈는 인간 사회에서 제기돼 온 다양한 문제가 다층적으로 함축돼 있다. 당장 논란이 가열되고 있는 문제인 만큼 학계의 통일된 의견도 없고 여론은 신념에 따라 분분하지만, 논의를 멈추는 순간 트랜스젠더 선수의 스포츠 참여 권리도 멈춘다.

　　이 책에서는 트랜스젠더 선수가 생물학적 성으로 분류된 스포츠 경기에 참여하는 것을 찬성 또는 반대하거나 섣부른 답을 내리지 않는다. 답은 전적으로 독자의 몫이다. 오히려, 미디어, 정치, 법, 사회, 의학적 관점을 기술하여 독자의 자발적 판단을 돕고 관련 논의가 진전했으면 하는 마음이다.

어긋난 스포트라이트

논란의 도쿄 올림픽

올림픽은 늘 다양한 사건 사고와 기록을 남긴다. 지난 2020 도쿄 올림픽으로 돌아가 보자. 코로나19로 1년 늦게 열린 도쿄 올림픽은 경기 강행, 운영 미숙 및 열악한 시설, 각국 정상들의 불참 문제 등으로 논란을 가득 남긴 채 막을 내렸다. 그 가운데 중요한 시사점을 주는 것도 있다. 역대 가장 많은 성소수자 선수가 출전했다는 사실이다. 최소 172명으로 집계되는데, 2012년 런던 올림픽에는 23명, 2016년 리우 올림픽에는 56명이 출전한 것에 비해 그 수가 크게 늘었다. 이전의 모든 올림픽에 참가한 성 소수자 선수를 합친 것 보다 그 수가 많다. 올림픽에 참가한 1만 1000여 명의 선수 가운데 2퍼센트가 채 못 되는 수지만 직전 대회에 비해 세 배 가까이 증가했다는 점은 성 소수자의 대표성에 있어 고무적인 현상이다. 게다가 트랜스젠더의 첫 출전을 알린 올림픽이기도 했다.

　　프롤로그에 소개한 허버드는 미디어의 압도적인 조명을 받았지만 사실 그가 해당 올림픽에 참가한 유일한 트랜스젠더 선수는 아니다. 도쿄 올림픽에 등장한 네 명의 트랜스젠더 선수 중에는 허버드보다 경기 일정이 앞섰던 캐나다 여자 축구 대표팀의 퀸Quinn도 있었다. 퀸은 2021년 7월 21일, 일본 FC도쿄팀과의 경기에 처음 출전하며 올림픽 역사상 가장 먼저 경기를 뛴 트랜스젠더 선수로 기록됐다. 퀸은 또 하나의 대

방송에 출연한 캐나다 축구 국가대표팀 퀸 선수
ⒸCBC Sports 유튜브

기록을 세웠는데, 캐나다 여자 축구팀이 금메달을 목에 걸며 역사상 최초로 메달을 수상한 '논바이너리non-binary'[2] 트랜스젠더 선수가 된 것이다. 그럼에도 허버드에 비하면 크게 주목받지 못했다. 왜일까?

퀸은 여성으로 태어나 IOC 규정에 따라 여성 리그에 참여했기 때문이다. 퀸은 이미 2014년에 여자 축구에 데뷔했고 지난 2016 리우 올림픽에도 여자 축구 대표팀으로 출전해 동메달을 목에 걸었으나 당시에는 성전환 사실을 공개하지 않았다. 퀸이 커밍아웃coming-out한 것은 2020년 9월이었다. 자신의 원래 이름인 레베카 퀸Rebecca Quinn에서 '레베카'를 떼고 성별 대명사를 '그들they/them'로 지칭하며 트랜스젠더임을 밝혔다. 하지만 엄밀히 말하면 생물학적으로 할당된 성을 벗어나 경기하지 않았기에 논란에서 비교적 자유로웠다. 반면 허버드는 남성으로 태어나 남성으로 성장기를 보냈고 결과적으로 타고난 성별과 다른 성의 경기에 참여했다. 공정 이슈의 유무는 트랜스젠더 선수 간 주목도의 차이를 만들어냈다.

또 다른 논바이너리 트랜스젠더인 미국의 스케이트보더 알라나 스미스Alana Smith도 마찬가지다. 여성으로 태어나 여성 경기에 참여해 이슈화가 덜 됐다. 다만 스미스의 경우 다른 논란이 있었다. 자신의 스케이트보드에 'They/Them'이라는 자신의 인칭 대명사를 적은 채로 경기에 임하기까지 했으나 해설자들이 계속 스미스를 '그녀she'로 지칭한 것이다. 해설자들은 사건이 논란이 된 이후에야 사과했다. 이는 트랜스젠더의 스포츠 경기 참여 문제가 비단 공정 담론에 국한되지 않는다는 점을 보여준다. 참여 여부를 담판 짓는 것을 넘어 담론을 형성하는 미디어, 전반적인 사회 인식, 면밀한 제도가 함께 움직이지 않으면 참여를 막느니만 못한 결과를 초래할 수도 있기 때문이다. 트랜스젠더는 결코 단일한 집단이 아니며 그들 각자의 의사에 따른 존중과 배려가 필요하다는 점을 상기해야 한다.

그럼에도 엘리트 스포츠의 세계에서 허버드나 토머스의 사례가 가장 큰 상징성을 가진다는 점은 부인할 수 없다.

이 책에서 주로 다룰 내용 역시, '트랜스 여성 선수의 여성부 경기 참여'다. 쉽게 단일한 집단으로 여겨지는 것도 문제지만 일단 엘리트 스포츠에 자유로이 참여하기 위해 가장 먼저 해결해야 하는 의제가 공정성이기 때문이다. 물론 허버드가 무관에 그치며 그를 향한 사회적 우려는 빠르게 식었고, 제도적 논의 역시 급하게 이뤄지지 않았다. 그럼에도 시사점을 주는 부분이 있다면 바로 '미디어가 허버드를 어떻게 다뤘는가'다.

미디어가 바라본 허버드

앞선 질문은 단순히 "해외 다른 나라들의 생각은 어떤가?"의 문제가 아니다. 보도의 방향은 예상처럼 다양하다. 고민해야 할 지점은 미디어의 역할이다. 이 이슈가 미디어에 던지는 난제는 크게 두 가지인데, 하나는 트랜지션transition 즉 성전환 사실의 공개조차 쉽지 않은 '트랜스젠더'를 다룬다는 점이고, 또 하나는 스포츠와 공생 관계인 미디어로서 '운동선수'를 다룬다는 점이다.

스포츠와 미디어는 각별하다. 세계의 OTT(Over The Top) 서비스들이 발 빠르게 스포츠를 섭렵하려는 이유다. 미디어는 스포츠와 함께 컸다. 경기마다 수많은 스포츠 스타가 탄생하고 막대한 광고 수익이 발생하기 때문이다. 따라서 스포츠 경기에는 인물 중심적인 보도가 쏟아지고 작은 사건 사고에도 끊임없이 관심이 집중된다. 보통 트랜스젠더들이 사회 진출에도 어려움을 겪는 것을 고려하면 허버드가 마주해야 할 환경은 매우 가혹했던 셈이다.

스포츠, 섹스, 젠더라는 자극적 단어 속에 허버드는 미디어의 먹잇감이 됐다. 이전까지 그에게 별 관심이 없던 미디어는 IOC가 허버드의 도쿄 올림픽 참가를 허가하자마자 기사를 쏟아내기 시작했다. 검색량 역시 폭발적으로 증가했다. '구글 트렌드Google Trends'에서 전 세계 기준 '로렐 허버드-역도 선수'의 검색량은 두 번 폭증했는데 한 번은 허버드의 2020 도쿄 올림픽 출전이 확정된 6월 넷째 주이고, 한 번은 허버드의 경기가 있던 2021년 8월 첫 주차였다. NZOC가 6월 21일에 역도 대표팀 라인업을 발표했을 때는 24시간 이내에 400여 개의 미디어가 관련 소식을 발표했다. 퀸의 금메달 획득에 관한 보도가 161건이었던 것에 비하면 엄청난 숫자다.

문제는 일부 언론의 보도 행태다. 그 400여 개의 미디어 중 30퍼센트는 허버드의 성전환 전의 이름을 인용했다. 높아진 대중들의 관심에 따라 집요해진 미디어는 허버드의 과거와 사생활을 마구잡이로 파헤치며 사건을 가십성으로 보도했다. 특히 허버드와 IOC의 결정을 비난하기 위한 극단적이고 자극적인 헤드라인이 즐비했다. 그 과정에서 허버드가 IOC 규정에 따라 자격을 갖추었다는 점은 축소되고 '불공정

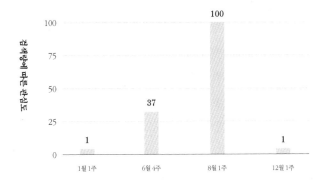

구글 트렌드의 '로렐 허버드' 검색량(2021년)

* 구글트렌드. 숫자는 차트에서 가장 높은 지점(100) 대비 검색 빈도를 나타낸다.

한 이점'이라는 키워드 그리고 '공정 대 포용'이라는 프레임이 강화됐다. 이에 NZOC와 호주 성 소수자 단체들은 트랜스젠더를 존중해달라는 요청과 함께 보도 가이드라인을 기자들에게 제공했다. 많은 매체가 허버드를 존중하고 중립적으로 다루고자 노력했지만 이 가이드라인을 따르지 않은 언론사가 태반이었다. 결과적으로 옹호와 비판이 난립하는 각축전이 되며 논의의 본질은 크게 흐려졌다. 다음은 허버드를 다룬 세계 주요 언론들의 보도다.

영국의 타블로이드지 《데일리메일DailyMail》은 허버드의 성전환 전 이름 사용과 함께 그의 과거를 파헤친 대표적인 언론이다.[3] 《데일리메일》은 2021년 7월 이를 독점 기사로 냈는데, 허버드가 남학생이던 시절 학교에서 수줍어하는 학생이었고 팀의 주장까지 맡았었으며, 동료들은 '개빈'이 늘 남자팀 내에서 불편해했다는 제목으로 보도했다. 기사에는 그의 부모님 사진과 남학생이던 당시의 사진이 실렸으며 경기 내용과는 전혀 상관없는 사생활이나 학교 시절의 이야기가 담겼다.

반면 영국의 공영 방송사 BBC는 정반대의 행보를 보였다. BBC는 BBC 스포츠 트위터 페이지에 혐오를 조장하는 사람들을 관계 기관에 고소하겠다는 뜻을 밝혔다. 이와 동시에 허버드의 경기를 생중계하지 않기로 결정했다.[4] 게다가 자신들의 소셜 미디어가 모든 사람에게 안전하길 바란다며 인종, 성별, 종교 등을 이유로 혐오 발언을 한 댓글이 있다면 BBC에 전달해 달라는 당부를 전했다. 게시물에는 "혐오는 이기지 못한다Hate won't win"라는 캠페인 마크가 달렸다. 허버드를 단순히 옹호하는 게 아닌, 가장 적극적으로 보호한 언론사 중 하나다.

BBC는 올림픽이 끝나고 도쿄 올림픽을 장식한 3대 쟁점을 소개했는데 여기에 허버드가 포함됐다. 함께 다뤄진 것은 미국 유명 체조 선수인 시몬 바일스Simone Biles의 경기 포기를 통한 선수들의 정신 건강 이슈, 벨라루스의 육상 선수 크리스티나 치마노우스카야Крысціна Ціманоўская의 망명 사태로 각자 굵직한 이슈들이다. BBC는 허버드의 올림픽 출전으로 또 하나의 벽이 무너졌다고 평가했다.

미국의 오랜 뉴스 통신사 AP통신의 한 논평 역시 허버드가 역사를 만들었다며 축하를 보냈다.[5] 특히 허버드를 트랜스젠더 운동선수의 선구자로 표현했다. 그의 올림픽 도전은 1차 시기 실패와 함께 길게 가지 못했지만 이 일로 IOC가 트랜스젠더 선수의 자격을 위한 새로운 '프레임워크framework'를 발표할 것임을 강조하며 허버드가 해당 논의의 마중물이 됐다는 논평이었다. 이와 더불어 기존 IOC가 2015년 제시한 트랜스젠더 선수의 경기 참여 관련 권고안에 따라 허버드는 해당 기준을 충족했으며 올림픽 참여가 문제 되지 않음을 다시 한번 강조했다.

영국의 방송인이자 저널리스트인 피어스 모건Piers Morgan은 허버드의 올림픽 참가를 각종 매체에서 가장 적극적으로 비난한 인물 중 하나다. 그는 허버드의 참가를 "여성 스포츠의 참극"이라고 표현했다.[6] 여성의 몸으로 태어난 여자 선수는 남자의 몸으로 태어난 로렐 허버드에 비해 당연히 불리할 수밖에 없다는 것이다. 또 만약 허버드가 도쿄 올림픽 금메달을 딴다면 우리가 알고 있는 올림픽의 꿈은 사라지며, 이는 '올림픽 모토The Olympic Motto'인 "보다 빨리faster, 보다 높이higher,

보다 힘차게|stronger"를 여자 경기에서 남자의 힘으로 쟁취하는 일이라 평했다. 모건은 여러 TV 프로그램에서 영향력 있는 인물인 만큼, 발언에 대한 주목도 역시 높았다.

　세계의 대표적인 스포츠 매체인 ESPN의 입장은 어땠을까? ESPN의 저널리스트 달시 메인D'Arcy Maine은 허버드의 경기 순간을 하나하나 자세히 표현하며 응원하는 맘을 숨기지 않았다.[7] "뉴질랜드 국가대표 역도팀에 허버드가 합류한 이후 몇 주간 논란이 계속되었다. 하지만 경기 당일 허버드를 향한 지지는 모든 논란을 종식 시켰다. 온라인에서 볼 수 있는 독설은 볼 수 없었고, 경기장 안은 박수와 환호로 가득 찼다. 허버드는 그 순간이 자신의 존재보다 의미 있음을 알 것이다"라고 평했다. 공정성과 기록, 메달, 국력의 각축장 같은 올림픽도 결국 경기장 안에서는 선수 개개인에게 의미 깊은 도전의 순간이며 서로를 응원하게 만드는 힘이 있음을 강조하는 논평이었다.

　러시아에 거주하는 미국 저널리스트이자 저자인 로버트 브리지스Robert Bridges는 러시아의 국제 보도 전문 채널인 러시안타임스(RT)에 "경기는 성 정체성이 아닌 신체가 하는 것"이라며 트랜스 여성 선수가 여성 스포츠를 납치했다는 제목의 기사를 내보냈다.[8] 여성 선수들은 경기 중 룰이 갑자기 변경되어 여성이 아닌 생물학적 남성과 겨루게 되었다는 내용이 담겼다. 이에 더해, 뉴질랜드 오타고대학교가 허버드를 '뉴질랜드 올해의 여성 선수'로 선정하여 시스젠더cisgender 여성들에게 모욕을 줬다고 혹평했다.

가장 문제가 심한 곳은 채널 원이다. 채널 원은 러시아 국영 방송으로 러시아에서 두 번째로 인기 있는 방송국이며 IOC와 공식 파트너 사이다. 트랜스젠더에 대한 사회적 인식이 좋지 않은 러시아의 언론인 만큼 허버드에 대해 과격한 발언을 서슴지 않았다. 채널 원의 저널리스트 아나톨리 쿠지체프Anatoly Kuzichev는 로렐 허버드로 분장하고 그를 패러디하며 "트랜스젠더는 사이코패스이며 정신과 진료가 필요하다"고 말했다. 한 나라의 공영 방송에서 나온 표현이라고는 믿기 어려운 수준의 일차적 혐오 표현이었다.

차별 금지와 공정은 스포츠 정신 안에서 언뜻 같은 연장선에 놓인 것처럼 보인다. 그러나 공정의 의미가 남다른 스포츠 세계에서는 이처럼 양극단이 첨예하게 맞불을 놓는 이슈가 된다. 이제껏 두 개의 성 이외에 관심을 두지 않았던 스포츠계의 관행은 스포츠 미디어에도 그대로 전염됐다. 극단적 옹호와 프레이밍에 급급한 문제 제기, 황색 언론의 가십성 보도와 일부 혐오 발언은 선수 개인에 집단의 대표성을 부여해 논의를 변질시켰다. 이러한 상황에서 성숙한 논의는 요원할 뿐이다. 공론화를 위해서라면 언론의 보도는 숙명과도 같지만 미디어가 스포츠를 다루는 방식은 여전히 인물 중심적이고 자극적이다. 가장 큰 문제는 막상 당사자인 선수의 목소리가 조명되지 못한다는 점이다. 옹호와 독려가 만사가 아니라는 점은 허버드의 입장을 통해 알 수 있다.

언론이 폭력이 될 때

스포츠는 팬이 있기에 존재하고 스포츠 선수는 인기를 먹고 산다. 뛰어난 성적, 슈퍼 플레이, 쇼맨십, 방송 활동 등 스포츠 스타가 되기 위한 요소는 다양하며 그렇기에 선수들은 경기 외적으로 다양한 노력을 한다. 팬들과 소통하고 미디어에 노출되는 것을 꺼리는 운동선수는 거의 없다고 볼 수 있다. 팬이 떠난 종목은 비인기 종목이 되고 세계 대회에서 입지가 불안해지기도 한다. 역도는 꾸준한 팬층이 있지만 비인기 종목이었다. 과연 장미란 선수가 없는 역도 경기에 한국의 미디어는 얼마나 집중할 것인가? 허버드의 존재는 역도라는 비인기 종목을 '이번 올림픽에서 꼭 봐야 하는 순간'으로 바꿔 놓았다.

모든 선수가 원하는 스포트라이트지만 허버드는 경기 전까지 공개 석상에 모습을 드러내지 않으며 철저히 미디어로부터 모습을 감췄다. 경기 당일, 기자 회견장은 뜨거운 취재 열기로 가득했다. 회견장의 좌석보다 두 배나 많은 기자가 배석을 요청했을 정도였다. 허버드는 기자 회견장에서 미디어

경기 후 손 하트로 인사하는 로렐 허버드 ⓒCBC News 유튜브

의 관심이 불편하다는 점을 분명히 했다.[9] 자신이 경기에 참여한 목적은 대중의 집중을 받거나 미디어의 관심을 끌기 위해서도 아니며 역사적인 순간도 아니라는 것이다. 그가 바란 것은 그저 한 명의 선수로 여겨지는 것이었다.

　허버드는 도쿄 올림픽 출전 당시 여자 역도에 참여한 선수 중 최고령인 43세였다. 그는 당시 기준으로 3년 전인 2018년 부상으로 선수 경력이 끝날 위기에 놓였고 뉴질랜드는 정부 차원에서 허버드를 다양하게 지원했다. 대중에게 허버드의 스포츠 경기 참여는 단순한 흥밋거리겠지만 허버드 자신에겐 선수로서의 여정을 마무리하는 의미 있는 도전이었다. 1차 시도를 모두 실패한 허버드는 "스스로 설정한 기준과 조국이 기대한 기준엔 미처 도달하지 못했으나 이번 경기를 통해 스포츠는 성별, 인종, 나이와 관계없이 누구나 할 수 있는 일이라는 것을 증명했다"고 말했다. 이 같은 도전의 의미는 공정 담론 속에 퇴색된 채 허버드는 원치도 않는 방향의 보도들로 곤욕을 치러야 했다.

스포츠 미디어는 건전한 공론장의 역할을 할 수 있을까? 이제껏 많은 미디어는 트랜스젠더를 병으로 여기거나 비아냥거리는 기사 혹은 방송을 가감 없이 송출한 바 있다. 한 예로 UFC(Ultimate Fighting Championship) 전 여성 챔피언 론다 로우지Ronda Rousey는 주류 언론에 나와 트랜스 여성 선수 팔론 폭스Fallon Fox를 향해, "폭스는 호르몬 테스트를 받고, 성기를 잘라버려도 남자의 골격을 가졌기에 때문에 훨씬 유리하다. 이건 불공정하다"고 혐오 발언을 서슴지 않았다.[10] 미디어는 이를 그대로 송출했다. UFC 해설자이자 TV쇼 진행자 조 로건Joe Rogan 역시 팔론 폭스를 향한 거친 발언을 자신의 팟캐스트로 방송했다. UFC의 노이즈 마케팅과 '트래시 토크trash-talk' 등 경기 전 격앙된 선수들의 모습은 있을 법한 일이다. 그러나 로우지와 로건처럼 해당 분야에서 영향력 있는 사람들의 발언은 무게감이 다르다. 스포츠 팬에게는 저널리스트의 말보다 이러한 스포츠계 인플루언서의 발언이 훨씬 더 영향력 있는 법이다. 게다가 스포츠계는 성 소수자의 대표성이 부족해 한쪽의 목소리가 부각될 수밖에 없는 구조다.

팔론 폭스에 대해 이야기하는 론다 로우지 ⓒTMZSports 유튜브

로우지와 로건의 방송은 2014년에 있었던 일이다. 허버드가 등장하기 전까지 트랜스젠더에 대한 스포츠 미디어의 태도는 크게 변하지 않았다. 그러나 도쿄 올림픽 이후 IOC는 트랜스젠더 혐오를 금지하고 존중하라는 보도 지침과 방법을 언론사에 전달했고, 많은 주류 언론사들과 언론인이 허버드의 출전을 사뭇 진지한 자세로 다루기 시작했다. 조명을 원치 않던 한 명의 역사力士였지만 스포츠 미디어와 트랜스젠더의 스포츠 참여에 있어 사실상 새로운 역사歷史를 쓴 셈이다. 트랜스젠더라는 사실이 가려지고 선수 그 자체로 다뤄지기까지는 시간이 걸리겠지만 스포츠 미디어는 중요한 첫발을 뗐다.

전환기에는 항상 강렬한 저항과 부딪친다. 정답 없는

문제를 다루는 만큼 언론은 더욱더 본질을 상기해야 한다. 한국의 대표적인 언론인 손석희는 자신의 저서 《장면들》에서 '매스미디어의 보도 원칙 네 가지'로 사실, 공정, 균형, 품위를 꼽았다.[11] 언론인이 가져야 할 기본적 덕목이지만 매체의 경계가 흐려지는 요즘엔 시사하는 바가 크다. 당연한 얘기지만 저널리스트는 보도 내용에 대한 사회 도덕적 책임이 있다.[12] 허버드의 사례를 내보낸 미디어 중 이러한 책임감을 가지고 보도한 곳은 얼마 되지 않는다. 《한국일보》 최문선 기자는 자신의 기고문 〈기레기 없는 세상에서 살고 싶다면〉에서 "누군가에게 침 뱉는 것으로는 세상을 바꿀 수 없다"고 말했다.[13] 가장 먼저 갖춰야 할 것은 품위다. 공정 담론을 논하기 이전에 선수에 대해 품위를 갖추고 그들의 목소리 역시 균형 있게 귀 담아들어야 제대로 된 논의를 시작할 수 있다.

문화 전쟁의 도구가 되다

사회 갈등의 조정자인 정치권은 과연 이 문제에 대한 답을 내릴 수 있을까? 트랜스젠더 선수에 대한 정치권의 입장은 정당, 국가 이념, 개인의 신념에 의해 갈린다. 보통 소수자의 권리를 주장하는 정당은 군소정당인 경우가 많지만 미국에서는 이미 거대 정당의 정치 문법으로 자리 잡았다. 마치 지난 2022년 6월 24일에 49년 만에 뒤집힌 '로 대 웨이드Roe v. Wade' 판결 때의 양당의 모습처럼 말이다.

로 대 웨이드 판결은 임신 24주 이전까지 임신 중단을 인정한 1973년의 미국 연방대법원의 판례다. 당시 연방대법원은 임신 중단권을 수정헌법 14조의 '사생활 보호 권리'로 보고 소를 제기한 원고인 '제인 로Jane Roe'의 손을 들어줬다. 이 임신 중단권 논쟁은 총기법이나 동성 결혼, 비판적 인종 이론(CRT·Critical Race Theory) 등과 같이 양당이 맞붙는 문화 전쟁Culture War의 양상을 띠었다. 공화당은 보수주의 정당으로 주로 임신 중단pro-choice보다 태아의 생명권pro-life을 존중하고 총기 소지에 우호적이며 동성 결혼에 비판적이다. 보수적 가치관에 기반한 사고의 연장선으로 볼 수 있다. 민주당은 자유주의 정당으로 위 문제에 대해 주로 공화당과 정반대의 입장을 견지한다. 미국에서는 이것이 상당 부분 정치적 도구이자 문법으로 쓰여 지지자 결집이나 상대당 공격에 쓰이고 있다.

트랜스 여성의 여성 스포츠 참여 문제 역시 마찬가지다. 공화당은 주로 반대, 민주당은 주로 찬성의 입장이다. 트랜스젠더 인권을 상징하는 연방대법원 판례가 없는 것은 아니다. '보스톡 대 조지아 클레이턴카운티Bostock v. Clayton County, Georgia'는 성적 성향이나 지향에 따른 고용 차별이 위법이라는 연방대법원 1964년 판례다. 그러나 로 대 웨이드 판례도 뒤집히는 마당에 이 판례 역시 안전하지 못한 것이 사실이다. 미국은 정치적 양극화가 심하지만 한편으로 이 이슈에 대한 논의가 가장 진전되어 있는 나라이기도 하다. 한국 역시 거대 양당 구도가 고착화하며 미국의 정치 지형을 닮아가고 있어 미국 정치의 현재를 들여다보는 것이 중요하다. 공화당과 민주당이 벌이고 있는 문화 전쟁은 언제든 한국에서 정쟁의 소재로 유사하게 비화할 수 있다. 차별금지법이 20년째 국회의 문턱을 넘지 못한 채 공회전을 반복하고, 고 변희수 하사의 생명 역시 지켜내지 못한 한국은 스포츠계의 '뉴 노멀'을 받아들일 수 있을 것인가.

미국의 여론 조사 기관 퓨리서치센터Pew Research Center가 미국 성인 1만여 명을 대상으로 진행한 2022년 2월 조사에 따르면 "더 많은 트랜스젠더를 수용하는 것이 사회에 도움이 되는지"에 대한 질문에 61퍼센트의 응답자가 '중립' 혹은 '사회에 나쁠 것'이라고 답했다. 도움이 된다는 쪽은 32퍼센트였

트랜스젠더 수용이 사회에 미치는 영향에 대한 인식(2022)

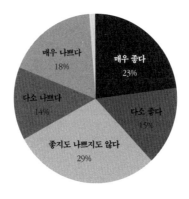

* 퓨리서치센터, 미국 성인 기준.

다. 이 여론 조사는 미국의 정치 지형을 고스란히 보여주고 있다. 양당 내 여론을 보자면, 민주당원의 59퍼센트가 더 많은 트랜스젠더를 수용하는 것이 사회에 도움이 된다고 답했고, 공화당원의 65퍼센트가 사회에 나쁘다고 답했다. 답변을 가르는 변인에 비단 정치적 성향만 있는 것은 아니다. 성별, 연령, 교육, 인종에 따라 흥미로운 경향성이 발견됐는데, 해당 조사를 진행한 퓨리서치센터의 연구원 안나 브라운Anna Brown에 따르면 '노년층, 학사 학위가 없는 자, 남성'일수록 반대의 경향이 있었고 '아시아계 미국인, 학사 학위 이상의 교육을 받은 자, 여성'일수록 찬성하는 경향이 있었다.

물론 이는 스포츠라는 영역에 한정한 조사가 아니다. 그러나 트랜스 여성의 여성 스포츠 참여 문제는 곧잘 트랜스 젠더의 사회 수용에 대한 문제로 연결된다. 둘은 유사한 문제 같지만 엄밀히 말하면 쟁점이 되는 요소가 다르다. 스포츠로 논의를 끌고 오면 다양성 문제보다 공정성 시비가 중요해지기 때문이다. 하지만 트랜스젠더가 정치적 도구로 소비되며 트랜스 여성 선수의 문제 역시 문화 전쟁에 포함되고 있는 것이 문제다. 이는 결국 다양성에 대한 가치관 차이로 귀결되어 진지하게 논의해야 할 제도적, 생물학적 문제를 상당 부분 가린다. 현재 트랜스 여성 선수가 시스젠더 여성 선수에 비해 객관적으로 얼마나 경기력 차이를 보이는지 과학적으로 완성된 데이터가 없음에도 쉽게 그들의 참여를 비난하거나 옹호하는 여론이 빗발치는 것이 그 방증이다.

정치권의 반응 역시 다르지 않다. 민감한 문제임에도 불구하고 최근 미국의 두 정치 지도자는 이 이슈에 대해 발언을 서슴지 않았다. 폭탄 발언으로 유명한 공화당의 도널드 트럼프Donald Trump 전 미국 대통령은 로렐 허버드의 도쿄 올림픽 참여 소식을 접하고는 한 경기에 남녀가 동시에 참여해 도쿄 올림픽을 망치고 있으며 이는 남자가 여자 스포츠에 출전하는 것이라는 말을 남겼다. 게다가 민주당이 이를 적극적으로 지원하고 있다며 트랜스젠더에 대한 지원이 '민주당이나 하는 행위'임을 프레임화하기도 했다.

한편 조 바이든Joe Biden 미국 대통령은 취임 첫날 '학교 내 스포츠 성차별 금지' 행정 명령에 서명한 바 있다. 성별을 이유로 연방 정부의 재정 지원을 받는 교육 프로그램에서 제외되거나 혜택을 받지 못하는 등의 성차별을 막기 위한 일종의 포용 원칙이었다. 닷새 후에는 트랜스젠더의 군 복무를 다시 허용하는 등 트럼프 정부와 정반대의 정책을 실시하며 사실상의 문화 전쟁에 돌입했다. 2022년 6월 15일에는 "비인간적이고 위험하다"며 전환 치료를 금지하는 행정 명령에 서명했다. 전환 치료는 성 소수자의 성 정체성이나 지향성을 치료 가능한 질병으로 보고 강제로 성 정체성을 바꾸려는 정신적 치료 행위다. 바이든의 정책은 다양성을 고려한 조치임과 동시에 성 소수자에 배타적인 텍사스나 플로리다 등 공화당 지역을 압박하기 위한 포석이라는 해석도 있다. 바이든 행정부는 차별을 조장하는 주법은 미국의 정신과는 맞지 않는다며 아이들과 가족을 전환 치료로부터 보호하겠다는 뜻을 밝혔다.

정치권이 바라본 토머스

서론을 장식한 리아 토머스는 프롤로그에 언급한 '38초 차이'의 시합 이후 몇 차례의 경기를 더 가졌는데, 지난 2022년 3월의 NCAA 디비전I 수영 선수권 대회에서는 자유형 여자

NCAA 대회 자유형 500미터 우승 후 인터뷰 중인 리아 토머스
ⓒNCAA Championships 유튜브

500야드에서 우승했다. 2위 선수와 1초 75차였다. 출전한 모든 경기에서 우승한 것은 아니었지만 그의 사례는 최근 미국 정치권에서 '입법 전쟁'을 야기했다. 양원을 넘어 주 의회에서도 당론과 개인의 신념, 선동과 비방이 얽히고설킨 각축전이 벌어졌다. 특히 공화당의 차기 대선 주자로 거론되는 플로리다 주지사 론 디샌티스Ronald DeSantis는 반反트랜스젠더 행보의 선봉장이다. 그는 2022년 3월 토머스 사건을 두고 "여성 스포츠를 파괴하려 하고 생물학보다 이데올로기를 우위에 두려는 NCAA에 플로리다는 저항한다"고 밝혔다. 플로리다는 2021년 6월 여성 스포츠 공정성 법안을 서명 및 발효시켰는데 아이오와, 텍사스 등 11개 주도 비슷한 시기에 관련 법안

을 통과시켰다. 이러한 법안은 태어날 때의 성별 외 다른 성별의 경기에 참여하는 것을 금지하는 내용을 담고 있다. 사실상 트랜스젠더 선수의 스포츠 대회 참가를 근절하겠다는 의도가 깔린 입법으로 해석된다.

차기 미국 공화당 대선 주자인 사우스다코타의 크리스티 놈Kristi Noem 주지사 역시 3월 8일 국제 여성의 날을 맞아 "사우스다코타에서 여성 스포츠를 보호하는 것으로 국제 여성의 날을 기리게 됐다. 곧 이 법안에 서명하게 돼 기쁘다"라고 자신의 트위터에 밝혔다. 그가 말한 '이 법안' 역시 여성 스포츠 공정성 법안으로, 하원을 50대 17로, 상원을 20대 15표로 유유히 통과했다. 테네시 역시 적극적으로 트랜스젠더를 겨냥한 입법이 이뤄진 곳 중 하나다. 학생 리그에서 트랜스 여성의 여성부 경기 참여를 막거나 사춘기 이전의 미성년자에게 호르몬 치료를 금지하는 법안 등이 대표적이다.

현재 미국 전역에서 트랜스젠더 운동선수가 설 자리는 빠르게 사라지고 있다. 공화당이 장악한 약 25개 주에서 관련 법안이 통과 또는 추진되고 있다. 플로리다 등에 이어 유타는 미국에서 12번째, 인디애나는 17번째로 여성 스포츠 공정성 법안이 통과된 주가 됐다. 2022년 6월 6일 18번째로 루이지애나에서 관련 법안이 통과되며 이 문제는 임신 중단권처럼 지역 갈등으로 번지고 있다. 주 의회에서 발의되어 논의가 시작되면 주지사 입장도 난처해진다. 루이지애나의 주지사 존 에드워즈John Edwards는 이미 공화당이 주의회 의석을 장악한 상태에서 관련 법안에 대한 거부권도 포기하고 "루이지애나에서 트랜스젠더 선수 출전이 없었다"며 사실상 아무런 행동도 취하지 않았다.

가장 극단적인 주는 공화당이 주의회를 장악한 아칸소다. 스포츠계를 논하기도 이전에 이미 트랜스젠더 혹은 트랜지션에 대한 반대 입법이 이뤄지고 있었다. 아칸소 주의회는 2021년 4월 6일 18세 미만 청소년의 성전환 호르몬 치료 및 수술 금지 법안을 통과시켰다. 아칸소의 주지사는 공화당 소속 에이사 허친슨Asa Hutchinson인데, 그는 트랜스 여성 선수의 여성 경기 참여를 금지하는 법안에 서명한 바 있지만 트랜지션 자체를 금지하는 법안엔 거부권을 행사해 왔다. 해당 법안이 청소년들을 우울증과 자살 위험에 빠뜨릴 수 있다는 소아청소년과 전문의, 사회 복지사, 트랜스젠더 자녀를 둔 부모 등의 탄원에 공감한 것이다. 그러나 주의회는 거부권을 뒤엎고이 법안을 통과시켰다.

이처럼 트랜스 여성의 여성부 경기 참여 문제는 트랜스젠더 자체를 억누르는 입법의 연장선 위에 있다. 규제 수위가 높아지며 위험 수위를 넘나드는 법안도 나온다. 노스캐롤라이나주는 공무원을 일종의 '젠더 경찰'로 만들었다. 만약 생물학적 성별의 특징과 어긋나는 미성년자를 발견할 경우 해당 미성년자의 부모에게 즉각 고지하라는 게 법안의 골자다. 노스캐롤라이나는 사실 2016년부터 '화장실법Bathroom Bill'이 큰 논란이었는데 이 법안의 약칭은 'HB 2'다. 출생 성별에 따라서만 화장실을 이용해야 한다는 법안이다. 성 중립 화장실을 허용하지 않겠다는 취지다. 그러나 이는 행동주의 기업들의 보이콧을 유발했다. 2017년 AP통신은 노스캐롤라이나가 향후 10년간 37억 6000만 달러 이상과 3000개의 일자리를 잃을 것으로 예측했다. 2019년에 결국 주정부는 공공건물에서 성 정체성에 따라 화장실을 이용할 권리가 있다는 타협안을 제시했지만 이듬해인 2020년에 그 법안의 일부가 만료되어 원점으로 돌아오게 됐다.

물론 정쟁의 성격을 띤다고 하여 모든 공화당 의원이 반대하는 건 아니다. 유타와 인디애나 주지사는 이러한 법안이 트랜스젠더의 기본적인 권리를 해친다고 보고 트랜스젠더 선수의 스포츠 참여를 금지하는 법안에 거부권을 행사했다. 인디애나 주지사 에릭 홀콤Eric Holcomb은 이 법이 지나치게 광범위해 일관성과 공정성을 역으로 해칠 우려가 있다고 주장했다. 유타 주지사 스펜서 콕스Spencer Cox는 해당 법안이 트랜스젠더 청소년들의 정신 건강에 잠재적으로 미칠 영향을 우려했다. 그는 "실수를 해야 한다면, 나는 항상 친절과 자비, 연민의 편에서 실수하려고 노력한다"고 밝혔다. 공권력의 무차별적 권력 행사를 경고한 이 두 주지사는 디샌티스와 같은 공화당 소속이다. 보수 유권자들이 보통 입법에 찬성하는 것을 고려하면 이례적이다.

결과는 어땠을까? 홀콤과 콕스의 싸움은 패배로 끝난다. 2022년 5월 24일 인디애나 주의회는 트랜스젠더 여학생(MTF·Male to Female, 남성에서 여성으로 성전환한 경우)이 여성 스포츠 경기에 출전하는 것을 금지하는 '상하 양원 법안 1041호HEA 1041'에 대한 홀콤의 거부권을 기각했다. 유타 역시 앞선 3월 25일, 주의회의 투표를 통해 위와 유사한 법안인 'HB11'에 콕스가 던진 거부권이 무효화됐다. 이로써 유타와 인디애나는 모두 7월 1일부터 트랜스젠더 여학생이 여성 스포츠 경기에 출전할 수 없게 됐다. 이 과정에서 독특한 장면이 연출됐다. 다니엘 대처Daniel Thatcher 유타 공화당 상원의원 등 몇 명이 유타 주의회 투표에서 콕스의 편에 선 것이다. 대처는 그 과정에서 "나는 거부권 무효화를 지지할 수 없다"면서 "내 자리를 빼앗는다면 그렇게 하라"며 강경한 입장을 보였다. 우리나라로 치면 대통령 후보 경선 격인 코커스Caucus를 앞둔 상황이었다. 소신 발언이 쉽지 않은 상황임을 고려하면 이례적이다.

미국 시사 주간지《디애틀랜틱The Atlantic》은 이 입법 전쟁에 대해 "공화당은 지난 30여 년 동안 표를 결집하기 위해 소수 그룹을 사회적 위협 세력으로 '악마화'하는 전략을 써왔다"고 논평한 바 있다. 게이, 무슬림에 이어 이번에는 10대 트랜스젠더 청소년이 그 타깃이 되었다는 것이다. 이는 비단 유권자만을 의식한 정치 행보가 아니다. 민주당을 향한 정치 공학적 계산도 있다. 민주당은 소수자 인권을 중시하면서도 지지층의 외연 확장을 위해 일정 부분 보수표가 필요하다. 이 과정에서 트랜스젠더 이슈는 다른 민주당의 의제보다 급진적 성격으로 비칠 수 있다. 따라서 쉽게 부차적 문제로 치부되거나 리스크가 된다. 민주당의 딜레마다.

문화 전쟁이 악마화의 양상을 띠는 것은 정치와 종교의 결탁과도 관련이 있다. 공화당 정치인들은 종교 민족주의 단체와 결합해 트랜스젠더 선수, 트랜지션, 혹은 LGBTQ+ 전체를 악 또는 적으로 치환해 이에 대응하는 것을 성스러운 전쟁으로 묘사한다. 이 같은 기독 민족주의Christian Nationalism가 아니더라도 성 정체성에 대한 혼란을 성장 과정에서 생기는 병으로 간주하는 일이 흔하다. 전환 치료는 그 결과물이다.

미국의 사례를 보면 문화 전쟁이 스포츠로 옮겨붙느냐 스포츠계가 먼저 그 기준을 세우느냐의 문제로 보이기도 한다. 이 같은 정쟁은 미국 내 모든 스포츠 종목에 빠르게 전염되고 있다. 국제럭비리그IRL 역시 트랜스 여성 선수의 여성부 출전을 전면 금지했고, 잉글랜드의 럭비풋볼연맹RFU도 같은 조치를 했다가 법적 분쟁에 휘말렸다.

반면 최근 미국의 스포츠 선수들은 자신의 목소리를 사회 또는 정치권을 향해 거리낌 없이 내고 있다. 대표적으로 2016년 노스캐롤라이나주가 성 소수자 차별법인 '화장실 법'을 통과시켰을 때 미국 프로농구협회 NBA는 2017 올스타전 장소 변경을 신중하게 검토했다. 노스캐롤라이나에서 열릴 계획이었기 때문이다. 또 NBA 전설이자 현 방송 해설자로 활동하는 찰스 바클리Charles Barkley도 "나는 백인, 히스패닉, 동성애자 등 어떤 종류의 차별에도 반대한다"는 입장을 밝히며 성 소수자에 힘을 실어줬다.

이 논쟁은 스포츠가 활발한 미국을 넘어 세계로 확산하고 있다. 영국에선 2022년 4월 1일 트랜스젠더 여성 사이클 선수인 에밀리 브리지스Emily Bridges의 내셔널 옴니엄 챔피언십 여성부 경기 출전이 좌절됐다. 당시 영국의 총리였던 보리스 존슨Boris Johnson은 브리지스로 불거진 해당 논쟁에 관해 "생물학적 남성이 여성 스포츠 경기에서 경쟁해야 한다고 생각하지 않는다"라고 말해 논란이 됐다. 그럼에도 성 소수자에 대한 지지와 사랑을 보내야 한다는 말을 덧붙였는데 이 사안이 얼마나 정치적으로 난제인지 보여주는 발언이다. 2022년 6월 국제수영연맹(FINA·Fédération Internationale De Natation)이 '젠더 포용 정책'이라는 이름으로 사실상 트랜스젠더 여성 선수의 여성부 경기 출전을 더 엄격하게 제한하며 대표적 트랜스 여성 수영 선수인 토머스를 중심으로 논란은 거세지고 있다.

호주에서는 이 문제가 2022년 5월 총선의 핫 이슈로 떠오르기도 했다. 시드니 와링가 지역구에서의 일인데 여기서 격돌한 두 후보는 모두 스포츠 관련 활동 이력이 있는 인물이다. 해당 지역구의 자유당 후보였던 캐서린 디브스 Katherine Deves는 변호사 출신으로 '세이브 위민스 스포츠 Save Women's Sport'라는 단체의 공동 설립자다. 해당 단체는 여성 스포츠인을 보호하기 위해 엄격한 생물학적 구분 biological distinction을 주장한다. 디브스는 스포츠에 있어 포용성만큼 여성에 대한 공정성과 안전, 기회가 중요하다는 입장을 견지해 왔다. 이를 위해 다양한 캠페인 및 가이드라인 제정 활동을 해왔는데 말 한마디가 발목을 잡았다. 소셜 미디어에 "트랜스젠더는 의학적 불구"라고 남겼다가 논란이 되자 삭제한 것이다. 그는 SBS와의 단독 인터뷰에서 해당 발언으로 인해 살해 위협까지 받고 있다고 밝힌 바 있다.

하지만 디브스는 스포츠에서 여자 선수들이 트랜스 여성 선수와 경쟁하는 것은 불공정하다는 소신을 굽히지 않았다. 호주의 당시 총리였던 스콧 모리슨 Scott Morrison도 같은 자유당 후보 캐서린 디브스를 공개 지지했다. 모리슨 총리는 총선에서 승리해 총리직을 유지할 경우 성전환 선수가 여성부 경기에 출전하지 못하게 하는 법안을 도입할 것이라 공공연하게 밝힌 바 있다.

한편 디스브의 총선 경쟁 상대는 무소속 후보인 잘리 스테갈Zali Steggall이었다. 그는 동계 올림픽 메달리스트 출신 법정 변호사다. 무소속이지만 과거 자유당의 표밭이던 와링가 지역구에 2019년부터 혜성처럼 등장해 당선된 강력한 하원 의원이다. 그는 디브스의 태도에 "국제 스포츠 기구와 연맹은 트랜스젠더 참여에 대한 자체 규칙을 가지고 있으며, 자유당 진영은 이 문제를 자유당과 후보 자신의 정책 부재를 가리기 위한 용도로 사용한다"고 비판했다. 총선 결과는 스테갈의 승리였다. 당시 호추 총선은 전반적으로 집권당인 자유당의 패배였는데, 각종 정책에 실패하며 감정 몰이에 집중한 탓도 있지만 특히 와링가 지역에서는 디브스의 발언이 자충수가 되었다는 평이 지배적이다. 트랜스젠더에 대한 혐오 정서가 정치적 도구처럼 쓰이기도 하지만 국가나 정치 지형에 따라 정치적 리스크로도 작용할 수 있다는 것을 알 수 있다.

러시아, 적의 이념

이와 같은 문화 전쟁은 국제적 규모로도 일어난다. 대표적으로 러시아는 보통 동성애를 부정적인 것으로 간주한다. 유럽

이 러시아를 괴롭히기 위해 이념적으로 침략하는 것이라 여기기 때문이다. 러시아 제국주의자들은 유럽 동진의 시작이 동성애 이념이라고 규정한다. 2020년 러시아는 국민 투표에 따라 헌법에 동성 간 결혼을 금지하는 조항을 넣었다. 무려 78퍼센트의 국민이 이를 지지했다. 블라디미르 푸틴 러시아 대통령은 이와 관련해 러시아 내 성 소수자 탄압이나 차별은 없을 것이라는 모순적 발언을 했는데 그는 과거 "내가 대통령으로 있는 한 동성 부부는 존재할 수 없다"고 말한 바 있다. 2013년엔 18세 이하 청소년에게 '비전통적 성적 관계' 선전을 금지하는 일명 '동성애 선전 금지법'이 러시아에서 제정됐다. 이에 따라 넷플릭스가 조사 대상에 올라 곤욕을 치르기도 했다.

이는 비단 러시아의 사회 문화가 보수적이기 때문만은 아니다. 지도층이 성 소수자 혐오를 장기간 프로파간다로 이용해 온 탓이 크다. 2022년 러시아-우크라이나 전쟁의 1차전격인 돈바스 전쟁은 2013년 말 우크라이나의 '유로마이단Euromaidan 시위(혁명)'에서 비롯됐는데 러시아 정부는 이때도 우크라이나 마이단 시위대를 향해 관련도 없는 동성애를 끌어들여 비판했다.[14] 유로마이단 시위는 우크라이나의 친러세력 집권에 반발해 유럽 연합EU과의 통합을 강조하고자 일어난 시위다. 러시아 정부는 EU는 동성애적이며, 동성애를 필두로 EU가 우크라이나를 끌어들이려 한다는 식의 이해하기 어려운 논평을 냈다. 러시아 방송 채널 NTV는 우크라이나를 '동성애 독재'라며 비판했고, 기자인 빅토르 셰스타코프는 시위대를 향해 "마이단 광장에 동성애라는 유령이 어슬렁거리고 있으며 우크라이나에서 가장 열성적인 EU 통합론자들이 성 도착자들이라는 사실은 오래전부터 익히 알려져 있다"고 기고했다.

2020 도쿄 올림픽 당시에도 러시아의 주요 언론과 정치권은 가만있지 않았다. 대표적으로 러시아 정치인 표트르 톨스토이는 로렐 허버드의 올림픽 참가에 대해 다음과 같이 비평했다. "서방은 올림픽에 자신들만의 평등한 권리를 이식하고 LGBT와 성 도착자들에 불공정한 권리를 주려 한다." 푸틴은 2021년 연말 기자 회견에서 허버드의 참가에 대해 "한 여성이라고 주장하는 남성이 역도와 다른 스포츠에서 경쟁한다고 생각해 보자. 여성 스포츠는 절멸할 거다. 상식적으로 생각하면 안 되나?"라며 올림픽을 서구의 이데올로기와 결합해 비판했다. 발언만 놓고 보면 트럼프와 매우 유사하다.

정부가 동성애를 적으로 규정하고 전쟁의 수단으로도 이용하는 만큼 성 소수자를 향한 향한 러시아 일반 여론 역시 좋지 않다. 러시아의 비정부 여론 조사 기관이자 독립 연구 기관인 레바다 센터Levada Center의 2021년 10월 여론 조사에 따르면 응답자의 69퍼센트가 동성 관계에 부정적이었다. 2013년 동성애 선전 금지법 제정 이전 60퍼센트던 이 수치가 9퍼센트포인트 증가한 것이다. 반대로 지지하는 여론 역시 2013년 23퍼센트에서 2021년 25퍼센트로 약간 증가했는데, 레바다 센터는 이것이 러시아 내 성 소수자에 대한 여론이 양극화되고 있음을 보여준다는 견해를 밝혔다.

동성애 혐오로 인한 범죄 역시 자주 보도된다. 2013년에는 동성애 관계를 커밍아웃한 20대 남성이 혐오자 두 명에게 사망할 때까지 폭행당하기도 했다. 2017년에는 러시아 남부 체첸에서 게이 남성 수십 명이 납치되어 고문을 당하고 숨지기까지 했다. 유럽안보협력기구OSCE는 2017년 이와 같은 탄압을 다룬 보고서를 발간하기도 했지만 러시아의 협력 거부로 조사가 구체적으로 이뤄지지 못했다고 밝히고 있다. 국제앰네스티에 따르면 러시아의 LGBTQ 중 다수는 여전히 트라우마에 시달리고 있다.[15]

러시아의 사례는 극단적인 예다. 그러나 상대적으로 매우 진보한 국가에 속하는 미국이나 호주마저 LGBTQ의 인권이 아직 정치인들의 관념을 관철하기 위한 도구로 쓰이고 있다. 트랜스젠더 선수의 경기 참여 권리는 기본적으로 성 소수자 인권과 맞닿아 있지만 스포츠와의 특수성과 연계해 사고할 수 있어야 해답을 찾을 수 있다. 가뜩이나 관련 연구는 부족하고 핵심 쟁점인 공정성에만 초점을 맞춰도 해결책을 구상하기 쉽지 않기에 독립적 논의가 필요하다. 이 이슈가 정쟁의 도구로 활용되는 동안 더 많은 트랜스젠더 선수가 잊히고, 시스젠더 여성 선수도 피해를 입으며 그들의 고통은 가중된다. 차후 한국에서 관련 논의가 정치권의 화두로 떠오르면 지금과 같은 정쟁의 흐름에서 자유롭지 못할 공산이 크다.

엇갈린 결정

이 문제가 공정한지에 대한 판단을 언제까지나 가치관의 영역에 남겨둘 수는 없다. 트랜스젠더 선수들은 실존하고 이들의 참가를 허가하거나 불허하는 공적 주체는 결국 법과 제도이기 때문이다. 특히 트랜스 여성 선수를 둘러싼 법적 쟁점은 가볍지 않다. 이들의 여성 스포츠 참여를 법적 측면에서 논하려면 인권, 국제 스포츠 연맹의 규정, 미국 연방법 등을 복합적으로 살펴봐야 한다.

스포츠계의 법과 제도는 과연 이들의 경기 참여에 대해 어떤 답을 가지고 있는가? 제도가 말하는 것은 무엇이며 어떤 문제를 초래하고 있나? 가장 큰 논쟁거리로 떠오르고 있는 IOC, 국제 스포츠 연맹, NCAA 등 스포츠 조직이 갖춘 규정과 근거를 토대로 로렐 허버드와 리아 토머스의 대회 참가가 어떻게 이루어질 수 있었는지, 이들은 앞으로 계속 스포츠 경기에 참여할 수 있는지를 살펴보고자 한다.

한 선수가 올림픽에 나가려면 IOC의 기준, 해당 종목의 세계 연맹이 제시하는 기준, 조국의 국가 올림픽 위원회 기준을 모두 충족해야 한다. 허버드의 2020 도쿄 올림픽 참가는 이 모든 것의 통과를 의미한다. IOC 합의 성명 지침 'IOC 컨센서스 가이드라인Consensus Guideline'의 당시 기준 그리고 각 대륙별 역도 연맹을 포괄하는 국제역도연맹(IWF·International

Weightlifting Federation)의 기준, 뉴질랜드 올림픽 위원회인 NZOC의 기준이 그것이다. 특히 NZOC의 지지는 각별했다.

2021년 6월 21일 NZOC는 허버드를 포함한 다섯 명의 도쿄 올림픽 역도 출전 선수 명단을 발표했다.[16] NZOC의 대표이사 케레인 스미스Kereyn Smith는 환영의 뜻을 표하면서도 논란을 의식했는지 허버드의 출전 기준 통과를 강조했다. 스포츠계의 성 정체성은 인권과 공정의 균형을 요하는 매우 복잡하고 민감한 문제임을 인지한다고 덧붙이기도 했다. 이 결정엔 독특하게도 뉴질랜드의 '마나키 문화Manaaki'가 작용한 것으로 보인다. 마오리어로 마나키는 '공감의 중요성'을 뜻한다. 발표문에는 뉴질랜드 팀 역시 이 마나키 문화를 강하게 가지고 있으며 선수 모두를 존중한다는 내용이 담겼다.

뉴질랜드 올림픽역도연맹(OWNZ·Olympic Weightlifting New Zealand)의 리치 패터슨Richie Patterson 회장도 본 발표에서 "허버드는 투지와 인내로 부상을 딛고 심리적 압박을 이겨내며 시합에 출전했다"며 그의 이야기를 조명했다. 특히 그의 기술을 칭찬했는데, 허버드는 영리하며 기술적으로 역도에 능하다고 언급했다. 신체적 이점에 대해 일어날 수 있는 논란을 불식시키려는 듯 보였다. 해당 라인업은 뉴질랜드가 이제껏 내보낸 역도팀 중 최대 규모였는데 전반적으로 역도팀에 대한 기대가 컸던 것으로 보인다. 허버드의 경기 참여는 참가 기준의 통과뿐 아니라 이처럼 연맹의 적극적 지지가 크게 작용했다. 하지만 리아 토머스를 향한 제도는 칼끝은 날카로웠다. 국제수영연맹인 FINA의 의결안을 들여다보자.

토머스는 2022년 6월 초 AP통신과의 인터뷰에서 자신은 계속 수영을 할 것이며 자신의 숙원은 올림픽에 나가 경기하는 것이라고 밝힌 바 있다.[17] 그리고 같은 달 19일 FINA는 세계 선수권 대회가 있는 헝가리 부다페스트에서 임시 총회를 열었다. 이 회의의 주요 사안은 트랜스 여성 선수 참가 기준 신설이었다. 성, 젠더와 상관없이 트랜스젠더가 참가할 수 있는 오픈 부분의 신설 그리고 참가 기준으로서 신체 발달 등급인 '태너 척도Tanner Stage'가 주로 논의되었다. 태너 척도에 대한 설명은 후술하겠다. 결과적으로 오픈 부문 논의는 뒤로 미뤄졌으며, 트랜스 여성 선수는 약 12세 이전에 성전환을 완료해야 경기에 참여할 수 있게 되었다.

표결에 앞서 위원들은 법의학, 스포츠 등 전문가들로 구성된 위원회로부터 자문을 받아 표결에 부쳤고 집행 위원 152명 중 71퍼센트가 이 '12세 안'에 찬성표를 던져 통과됐다. 브렌트 노윅키Brent Nowicki FINA 이사는 이 표결에 대해 "FINA는 포괄적이고 과학에 기반을 둔, 포용하는 방식으로 이번 정책을 마련했다. 무엇보다도 FINA는 경쟁의 공정성을 강조한다"고 설명했다. 후세인 알-무살람 Husain Al-Musallam

FINA 회장도 "선수들의 경쟁할 권리를 보호"하고 "경쟁의 공정성을 보호"했다며 결정에 긍정적 반응을 보였다.

이들의 자평과는 다르게 후폭풍은 만만치 않았다. 미국의 성 소수자 운동선수를 지원하는 비영리 단체인 '애슬랫 앨리Athlete Ally'는 FINA의 결정이 "차별적이며, 해롭고, 비과학적이며, IOC의 2021년 원칙에 부합하지 않는다"고 밝혔다. 반대로 트랜스 여성 선수 출전에 줄곧 반대해 왔던 영국의 전 수영 국가 대표 샤론 데이비스Sharron Davies는 FINA가 과학에 기반해 의사 결정을 했으며 선수와 코치의 의견도 수렴했다며 FINA의 결정을 지지했다.

상반된 두 스포츠 연맹의 결정에 트랜스젠더 선수들은 동요하고 있다. 법과 제도가 특정인을 겨냥하는 것도 아닐 텐데 왜 이런 일이 발생했을까? 국제 스포츠 연맹과 조직에서 정한 규정, 판결, 그리고 관련 회의록을 보면 이것이 혐오 정서나 공정 담론 때문이 아닌 제도적 부실에 있다는 것을 알 수 있다.

자율이란 말 속에 숨겨진 것

이전까지 트랜스젠더 선수들은 2003년 스톡홀름 합의를 통해 만들어진 기준을 따랐다. 성전환 수술을 마치고 2년 후에 바뀐 성의 경기에 참여할 수 있다는 규정이다. 2015년 11월,

IOC는 '성전환 및 안드로겐과잉증에 관한 IOC 합의 회의IOC Consensus Meeting on Sex Reassignment and Hyperandrogenism'에서 트랜스젠더 가이드라인의 개정안을 냈다. 참고로 안드로겐은 남성 호르몬의 총칭으로 테스토스테론은 안드로겐의 하나다. 위 개정안에서 트랜스 여성 선수에 대한 대표적인 내용은 다음과 같다. 먼저 선수는 여성임을 정확히 밝혀야 하고 스포츠를 이유로 4년 이내에 남성으로 돌아가면 안 된다. 여성부 경기에 참여해 이점만을 챙기기 위해 성별을 마구잡이로 바꿔선 안 된다는 지침이다. 둘째로 선수는 최소 1년 전부터 테스토스테론 수치가 1리터당 10나노몰 이하여야 출전할 수 있다. 이 사안이 지켜지지 않을 경우 12개월간 자격 정치 처분을 받는다.

나아가 IOC는 2021년 11월 16일 포괄적으로 트랜스젠더 선수를 스포츠 경기에 받아들이는 새로운 프레임워크를 발표했다. 250명 이상의 선수 및 이해관계자와 2년간의 협의 과정을 거쳐 발표된 내용이었다. 해당 발표에서 IOC는 트랜스 여성 선수가 여성 선수들과 비교하여 불공정한 이득은 없다고 밝히며, 타당한 동료 평가Peer Review를 받은 연구 결과 없이 트랜스젠더 참가에 제한을 두면 안 된다고 밝혔다. 또한 테스토스테론 수치로 트랜스 여성 선수 참가 여부를 결정하는 규정을 폐기했다. 이제까지 유지되어온 기준을 고려했을 때

파격적인 결정이었다. 시스젠더 여성 선수에게는 일방적이고 불합리하게 느껴질 여지도 있었다. 그러나 이와 같은 결정이 생각보다 파급력이 없던 이유는 IOC가 각 연맹에 자율적으로 규정을 신설할 수 있도록 허락했기 때문이다. 즉, 이 프레임워크는 국제 스포츠 연맹에 영향을 줄 순 있어도 강제력은 없다.

허버드의 출전에 영향을 줬던 IWF 규정은 어떨까? 2017년 IWF 연례회의에서 의료위원회는 IOC의 2015 트랜스젠더 가이드라인을 따르기로 했다.[18] 2018년 IWF의 마이클 이라니 Michael Irani 회장은 IOC 트랜스젠더 가이드라인의 중요성을 역설하며 IWF만의 기준이 필요하다고 제안했는데 그로부터 1년 후인 2019년, IWF는 자신들의 트랜스젠더 규정을 2020 도쿄 올림픽 이후까지 바꾸지 않겠다고 확정했다.

반면 토머스의 출전에 영향을 주는 FINA는 2021년 IOC의 결정이 인권에만 치우친 결정이라 여겼다. 유럽 스포츠의학협회(EFSMA·European Federation of Sports Medicine Associations)와 FINA는 합동 성명을 발표하며 IOC의 결정이 생리학적 측면은 배제된 결정이며 테스토스테론이 경기력에 영향을 줄 수 있는 지점을 고려하고, 최소화해야 한다고 밝혔다. 이러한 기조에 따라 FINA는 인권, 과학, 운동 분야의 전문가들과 함께 트랜스 여성 선수의 경기 참가 규정에 대해 자체 논의했고 이것이 위에 언급한 태너 척도 등급 기반 결정이다.

태너 척도는 일종의 성적 성숙도 평가(SMR·Sexual Maturity Rating)로 1~2차 성징에 따른 신체 발달 척도를 의미한다. 영국의 소아과 의사 제임스 태너James Tanner가 개발했고 아직도 아동, 사춘기 청소년, 성인의 발달을 보는 척도로 활용된다. 특히 법의학에서 많이 사용됐다. 다만 신뢰성 부족 문제가 있었다. 생식기, 가슴의 크기, 고환 부피, 치모의 발달 등 물리적인 요소들이 기준이 되는데 최근엔 다양한 환경적 변화로 신체 발달과 관련한 원인 규명이 어렵다는 비판이 있다. FINA가 태너 척도 2등급을 논의한다는 의미는 1~5등급으로 나뉘는 태너 척도에서 선수가 '태너 2단계' 이전에 성전환해야 경기에 참여할 수 있다는 내용을 논의한 것이다. 나이로는 12세 이전으로 사춘기를 지나기 전 단계에 해당한다.

정확한 세부 규정은 안드로겐에 감응하지 않아야 한다는 조건이다. 사춘기가 오지 않은 채, 몸이 남성 호르몬의 영향을 받지 않은 상태여야 함을 의미한다. 또 성전환 후부터 테스토스테론 농도가 리터당 2.5나노몰을 넘지 않아야 한다는 규정도 있다. 이를 지키지 않고 참가할 경우 의도와는 상관없이 소급 적용으로 징계가 가능하고 만약 의도가 있으면 반도핑 규정에 따라 처벌까지 가능하다. IOC의 규정이 리터당 10나노몰이었던 점을 고려하면 굉장히 가혹한 조건이다. FINA

는 여기에 더해 회원국에서 FINA 규정을 자율적으로 판단할 수 있으며 회원국에서 정한 규정은 해당 회원국에만 적용된다고 밝혔는데, 이 역시 IOC와 마찬가지로 자율권을 준 것이나 마찬가지다. 다만 FINA가 주최하는 경기의 경우 FINA의 규정이 우선 적용되고, 거기에 회원국마다 각자 정한 규정이 어떻든 FINA는 그 회원국 규정에 대해 따른 결정을 판단하지 않는다고 밝혔다. 많은 혼란을 부를 수 있는 지침이었다.

FINA의 결정으로 올림픽에 참가하고픈 모든 트랜스 여성 수영 선수들은 역도 선수들과는 달리 매우 엄격한 조건에 놓이게 됐다. 물론 운동선수에게 올림픽은 꿈의 무대지만 올림픽만이 능사는 아닐 것이다. 그렇다면 토머스가 참여했던 NCAA의 규정은 어떨까? FINA의 손이 닿지 않는 미국 내 대학생 경기가 이 단체를 따른다. NCAA 규정은 미국의 연방법과 각별한 관계에 있다. 미국의 '타이틀 나인Title IX'은 1972년 제정된 미국 연방법으로 교육계의 성차별을 없애기 위해 만들어졌다.[19] 성별을 이유로 교육 기회의 차별은 없어야 한다는 것이 주요 내용이며 연방 정부 지원금으로 혜택받는 모든 교육 기관에 적용된다. 사실상 미국 내 대부분의 고등학교, 대학교가 연방 정부의 지원을 받으므로 그 파급력은 지대하다. 그렇다 보니 연방의 지원금을 받는 스포츠 조직에도 필연적으로 영향을 미친다. 타이틀 나인은 미국의 진보적인 연방법의 대표격인데 그렇다면 NCAA 규정 역시 진보적일까?

NCAA 규정에 따르면 남성에서 여성으로 전환한 선수는 최소 1년 호르몬 요법을 받아야지만 여성 경기에 출전할 수 있다. 여기까지는 IOC의 예전 기준과 같은데, NCAA 규정은 트랜스젠더의 경기 참여를 인정하면서도 참여로 인해 불공정한 이득을 얻는 경우를 모순적으로 적시하고 있다. 2011년에 발표한 'NCAA의 트랜스젠더 선수 참가 방안NCAA Inclusion of Transgender Student-Athletes'의 원칙 2항은 "트랜스젠더는 스포츠 경기 참가에 동등한 기회를 얻어야 한다"고 명시하고 있고, 원칙 3항은 "여성 스포츠의 존엄성은 보존되어야 한다"라고 말한다. 본 사안에 대한 찬반 논쟁에서 찬성 측의 사람들은 2항, 반대 측의 사람들은 3항을 들며 자신의 의견을 내세우고 있다.

2022년 기준으로 보면 NCAA도 결국 IOC의 규정을 따라가는 추세다. IOC의 가이드라인과 협회 기준을 통일하며, 협회에 소속된 산하 스포츠 기구에 트랜스젠더 참여 여부를 위임하기로 했다. NCAA 회장 마크 에머트Mark Emmert는 "약 80퍼센트의 올림픽 선수가 대학 선수 또는 전 대학 선수다. 이 같은 결정은 운동선수의 혼란을 줄이고 NCAA와 IOC의 관계도 돈독하게 할 것"이라고 밝혔다.[20] 겉으로 봐선 IOC의 개방적 기준을 따라가는 것처럼 보이지만 여기서 핵심은 '위임'이다. 이 위임 결정이 있은 지 몇 주 후, 미국 수영 협회USA Swimming는 또 다른 혼란을 야기할 수 있는 새로운 규정을 만들어 낸다. 참고로 NCAA와 미국 수영 협회는 IOC와 FINA의 관계와 같다. 독립적으로 존재하지만 서로 일정한 영향을 주고받는 사이이다. '자율권'이라는 키워드는 두 관계에서 똑같은 문제를 불러일으켰다.

새 규정은 두 부분에서 가혹했는데, 하나는 호르몬 수치고 하나는 유지 기간이다. 테스토스테론 농도를 리터당 5나노몰로, 테스트 날 전부터 자그마치 36개월간 유지해야 한다는 내용이 담겼다. 트랜스 여성 육상 선수 출신으로 지금은 스포츠 생리학자인 조안나 하퍼Joanna Harper는 "어떤 스포츠 단체라도 여성으로 전환한 트랜스젠더 선수에게 24개월이 넘어가는 호르몬 치료나 낮은 테스토스테론 수치를 요구하는 경우는 없다"며 일침을 가했다. 이뿐만 아니라 새 규정에 따르면 "남성으로 사춘기를 보낸 경험이 여성 시스젠더와의 경쟁에 도움이 되지 않는다"는 사실을 증명해야 했는데 기존엔 호르몬 수치만이 논의 대상이었던 것에 비해 훨씬 더 복합적인 내용의 요구였다.

트랜스젠더 선수의 제도적 수난은 이뿐만이 아니다. 테스토스테론 농도 조절을 위해 필요한 것은 당연히 약물인데, 세계반도핑기구(WADA·World Anti Doping Agency)는 남성 호르몬을 줄이기 위해 필요한 스피로노락톤과 항 남성 호르몬을 금지 약물로 규정해 논란을 빚었다. 이에 WADA는 트랜스젠더 기준의 '치료 목적 사용 면책(TUE·Therapeutic Use Exemptions)' 가이드라인을 제공했다. TUE는 선수가 질병 치료나 부상 회복을 위해 금지 약물을 사용해야 하는 경우 치료 목적 사용 면책 국가 표준에 따라 심사 후 승인하는 제도다. 특정 국제 스포츠 연맹으로부터 경기 참가 허가를 받았을 때 TUE가 부여된다. TUE는 호르몬 요법을 받는 트랜스 여성 선수가 특정 스포츠의 기준에서 맞춰야 할 호르몬 농도의 기준을 제공하고 있다. 물론 스피로노락톤 호르몬 요법의 목적은 특정 스포츠의 한계치에 맞춰 진행되어야 한다. 스포츠 연맹은 이때 측정 방법과 빈도를 결정하게 된다.

합법과 불법의 경계에서

관련 규정의 변천사에 따라 어떤 이의 출전은 합법, 어떤 이의 출전은 불법이 된다. 규정에 따라 적법성 여부를 판단하자면 허버드의 출전은 완전한 합법이었다. NZOC, IWF, IOC, WADA의 규정을 어기지 않았기 때문이다. WADA가 정한 TUE를 위반하였는지는 정확히 알 방법이 없으나 허버드의 경기 참가가 승인된 것으로 미루어 보아 WADA가 정한 불법 기준을 넘지 않은 것으로 보인다. IOC가 트랜스젠더 선수에 대한 규정을 보수적으로 바꾸지 않는 이상 허버드는 오히려 더 개방된 기준의 적용을 받게 되고, 미래의 올림픽 출전에 큰 문제가 없을 것으로 보인다. 도쿄 올림픽의 기록 역시 박탈당하지 않는다.

반면 토머스의 2024년 파리 올림픽 여성 경기 참여는 규정의 추가 개정 없인 불투명하다. 물론 IOC의 2021 개정안만 놓고 보면 토머스의 파리 올림픽 참가는 문제가 없다. 개정안에 따르면 토머스는 다른 여성 선수들에 비해 트랜스 여성으로서 불공정한 이득이 없는 것으로 볼 수 있으며 호르몬 수치 기준도 폐기되었기 때문이다. 게다가 동료 평가를 받은 연구 결과 역시 아직까지 트랜스 여성 선수의 신체적 유리함에 대해 명확한 결론을 내주지 못하고 있다. 따라서 IOC 조항은 토머스에게 불이익을 주지 않는다.

토머스의 발목을 잡는 것은 FINA의 조항이다. 태너 척도 2등급 이전의 성전환자만 경기 출전이 가능하기 때문이다. 토머스는 17~18세에 성전환 수술을 받은 것으로 알려져 있으며, 이는 태너 척도 2등급 이후에 해당한다. 이에 따라 IOC가 주최하는 올림픽 및 FINA가 주관하는 여성부 경기에 출전이 불가하다. 이벤트성 오픈 경기에 대한 가능성은 아직 열려있는 상태지만 그의 염원인 올림픽 참가는 불법이 됐다.

그렇다면 이제껏 쌓아 올린 수상 경력은 어떨까? 토머

ESPN과 인터뷰하는 리아 토머스 ©ESPN 유튜브

스의 2021 NCAA 지피인비테이셔널 대회 참가는 적법했다
고 볼 수 있다. 토머스는 호르몬 요법을 2019년부터 2년 이상
받았기 때문이다. 전술했듯 NCAA는 타이틀 나인에 따라 성
차별로 인한 대회 참여 제한이 불가능하며, 2011년도의 참가
방안 규정도 논란의 소지는 있지만 트랜스젠더 차별을 금지
한다. 문제가 생겼을 경우 소급 적용으로 기록을 말소하거나
트로피를 빼앗는 일도 없다. 따라서 토머스의 2021 NCAA 지
피인비테이셔널에서의 기록 말소는 없을 예정이다. 다만
NCAA의 자율권으로 인해 신설된 미국 수영 협회의 개정안이
토머스에게 어떻게 적용될지는 미지수다. 토머스의 테스토스
테론 수치는 밝혀지지 않았고, 36개월간 리터당 5나노몰을
유지했는지 여부도 공개된 바 없기 때문이다.

스포츠의 성을 넘어라

스포츠계 밖으로 시선을 돌리면 젠더에 대한 논의는 포괄적으로 이뤄지고 있다. 따라서 자신이 선택한 성별에 따라 운동 선수로서 경기에 참여하고픈 선수들의 욕망은 충분히 사회적 논의의 대상이 될 수 있다. 그럼에도 트랜스젠더 선수의 존재는 현존하는 다양한 스포츠 제도의 사각에 있다. 스포츠는 오랜 시간 생물학적 性으로 구분되어 존재해왔고, 이는 공정성에 대한 하나의 믿음이자 城성이었다. 따라서 전통적 관점에서 트랜스젠더라는 새로운 性성의 존재는 쉽게 자연 질서의 파괴이자 외부 요인으로 여겨진다. 사회 일반의 인식 전환과는 별개의 문제로 봐도 좋을만큼 스포츠의 전통적 성 개념은 생각보다 훨씬 공고하다.

이 문제의 잠재적 위협은 성인 선수뿐 아니라 미성년자에게서도 나타난다. 폴란드 워미아앤마쥬리대학교Warmia & Mazury의 교육학자 카마시 에벨리나Kamasz Ewelina에 의하면 어린 학생들이 자신의 성 정체성을 커밍아웃하는 경우는 늘고 있지만, 각 학교에서 트랜스젠더 학생들이 쉽게 참여할 수 있게끔 배려하는 정책이나 프로그램 등은 부재했다.[21] 적절한 이름과 지칭 대명사를 사용하는 법이라거나 라커룸 사용 등에 대한 가이드라인이 없는 것이다.

그렇다면 미국의 트랜스젠더 학생 중 스포츠를 즐기는

이는 얼마나 될까? 2019년에 발표된 미국 질병통제예방센터 CDC에 따르면, 미국엔 약 1500만 명의 고등학생이 있고 그중 약 800만 명이 고등학교 스포츠에 참여한다. CDC는 이 중 1.8퍼센트를 트랜스젠더로 추정했다. 숫자로 치면 약 27만 명인 셈이다. 미국의 성 소수자 인권 단체인 휴먼라이츠캠페인 HRC의 보고서에 따르면 트랜스 남성 학생 14퍼센트, 여성 학생 12퍼센트만 스포츠를 한다. ESPN은 이 두 수치를 합산해 미국 고등학교에 약 3만 5000명의 트랜스젠더 학생 운동선수가 있으며 고등학교 운동선수 전체의 0.44퍼센트가 트랜스젠더라고 분석했다.

성 소수자를 지지하는 LGBTQ 전문 매체 《OFM 매거진Out front Magazine》은 미국 진보 센터(CAP·Center for American Progress)의 보고서를 인용해 트랜스 운동 선수의 스포츠 참여 금지가 이미 성적으로 차별받아 온 성 소수자들이 운동으로 얻을 수 있는 '신체 활동의 이점'을 박탈한다고 지적했다. 이는 운동을 통한 불안, 우울증, 자살 시도 등의 위험 감소, 담배와 마약 사용 등의 감소를 포괄한다.

특히 청소년에 미치는 잠재적 영향력을 중점적으로 짚었다. 보고서에는 이미 스포츠와 관계없이 트랜스젠더 청소년들의 자살 시도나 결심 등의 비율이 최소 두 배, 인종에 따라서는 세 배 가까이 높다는 결과가 있는데, 운동은 이를 완화

할 수 있다. 운동에 적극 참여한 트랜스젠더 학생들은 운동을 하지 않은 트랜스젠더 학생들보다 더 좋은 성적을 유지했으며, 트랜스젠더 운동선수는 운동을 하지 않는 퀴어 집단에 비해 우울 증상이 20퍼센트 이상 감소했다. 엘리트 스포츠에서의 영향이 생활 체육과 학교까지 내려와 학생들의 건강 문제와 결부되는 것이다. 이 문제는 성 소수자 학생들이 화장실, 탈의실, 학교 운동장 등에 출입하는 것과도 쉽게 연결된다. 문제는 각 학교나 기관마다 트랜스젠더 학생에 대한 정책이 제각각이라는 점이다.

제도가 명확한 답을 내릴 수 없다면 적어도 스포츠 기구들이 분쟁의 조정자가 되어줄 수도 있을 것이다. 과학적 기준이 부재한 상황에서 트랜스젠더 선수 당사자와 시스젠더 여성 선수의 입장을 조율하는 방법이다. 다만 전통적 성 관념을 벗어나 논의를 이어가더라도 복병은 존재한다. 바로 트랜스 여성 선수의 고의성 문제다. 군 복무에 있어 집총이나 입대를 거부하는 사례와 유사하다. 이를 종교적 양심으로 볼 것인가 종교적 양심을 가장한 고의로 볼 것인가? 두 트랜스 여성 선수의 인터뷰는 이에 관한 중요한 질문을 던진다.

미국 트라이에슬론 대표팀 소속 국가 대표 선수이자 트랜스젠더임을 밝힌 크리스 모시어Chris Mosier는 한 라디오 방송에서 트랜스젠더 선수를 향한 고정관념이 몰이해에서 비롯된다고 주장했다. 트랜스젠더 선수들도 다른 운동선수와 마찬가지로 신체를 이용해 자신의 능력을 극대화하여 경기력을 겨룰 목적으로 경쟁에 참여하는 것이지 불공정한 혜택을 받으려는 것이 아니라는 것이다. 이같은 오해가 트랜스젠더를 쉽게 혐오의 대상으로 만든다며 그는 우려를 표했다.

반대로, 18차례나 그랜드슬램 대회에서 우승한 미국·체코의 트랜스젠더 테니스 선수 마르티나 나브라틸로바Martina Navratilova는 한 매체와의 인터뷰로 인해 성 소수자 단체로부터 지지를 철회당했다. 그는 인터뷰에서 "남성은 호르몬제를 복용 후 여성 대회에서 우승해 부를 얻을 수 있으며, 그 이후 다시 남성으로 돌아가 때로는 아이 아빠가 되기도 한다"라고 주장해 충격을 줬다. 그러면서 "이는 말도 안 되는 반칙이다. 나는 트랜스 여성을 지지하지만, 그들과 경기에서 겨루고 싶지 않다. 공평하지 않다"고 오히려 트랜스젠더 선수 전반을 비판했다. 불공정한 이점이 있음을 인정한 것을 넘어, 일부 트랜스 여성 선수는 경쟁이 아닌 우승과 상금을 목적으로 여성부 경기에 참여할 수도 있다는 취지의 발언이었다. 스포츠계는 당사자들의 이런 발언이 있음에도 특별한 조치가 없는 상태다.

지난 2022년 3월 18일 미국 조지애나주 애틀랜타에서 열린 NCAA 전국 선수권 대회에서 토머스에게 우승 트로피를 내줬던 레카 기오르기Réka György는 이번 대회가 대학 시절 자신의 마지막 대회였지만 NCAA의 결정으로 자신의 기회를 빼앗겼다는 생각이 든다며 불편함을 토로한 바 있다. 경기장 안팎에서의 조롱과 조우한 토머스도, 1등의 자리를 내어준 기오르기도 웃지 못할 대회가 되어버린 상황에서 제도는 어떤 방향으로 나아가야 하는가?

제도가 나아가야 할 방향

IOC의 2021년 가이드라인은 포용과 공정, 그 어느 것 하나도 잃을 수 없는 스포츠계의 딜레마를 보여준다. 자율 규제 방안 역시 그러한 배경에서 나왔다고 볼 수 있다. 물론 자율의 목적은 합리적이다. 일괄적인 호르몬 기준보다 종목마다 세부적으로 기준을 두어 신체 조건이 종목에 미치는 영향을 최소화하겠다는 의미이기 때문이다. 어떤 종목은 호르몬 수치가 덜 중요할 수도, 더 중요할 수도 있다.

다만 IOC의 방임은 사실상 극단적인 예시를 낳으며 후폭풍을 일으켰다. 역도와 수영보다 직관적인 럭비와 육상을 보자. 세계럭비연맹World Rugby은 2021년 트랜스 여성 선수의 여성부 럭비 경기 참가를 금지했다. 트랜스 여성 선수의 신체 크기가 여성 럭비 선수보다 월등히 크기 때문에 격렬한 신체 접촉이 많은 여성 럭비 선수에게 위험하다는 이유였다. 이와 다르게 세계육상연맹(IAAF·International Amateur Athletic

Federation)은 '경기 전 12개월 동안 리터당 5나노몰 유지'를 기준으로 채택했다. 육상은 럭비 못지않게, 어쩌면 럭비보다 더 신체 구조에 영향을 많이 받는 종목이다. 대표적으로, 여자 육상 세계신기록은 1988년에 세운 그리피스 조이너의 100미터 기록이며 아직 여성부에서는 깨지지 않았는데, 미국 남자 고등학교 육상선수들은 이 기록을 이미 깼기 때문이다. 세계 육상 연맹의 기준은 IOC의 지난 기준보다는 엄격하지만 육상에 지각 변동을 일으킬 수 있는 결정이다.

호르몬이 영향을 미치는 종목이 다르고, 종목별 레퍼런스도 제각각이라면 제도가 나아가야 할 방향은 호르몬 이외에 추가적인 조건을 규정하는 것일 수 있다. 복잡하더라도 구체적인 신체 구조의 차이와 환경적인 요소 등을 모두 고려한다면 어떨까? 다음 장에서 자세히 다루겠지만, 하퍼는 스포츠 과학이 트랜스 여성 선수의 '이점'을 명확히 알고 구분하기엔 아직 걸음마 단계라고 말한다. 불공정한 이점이 없음을 선수 개개인이 증명하기란 쉽지 않은 상황이지만 스포츠계는 트랜스 여성에게 정확히 어떤 이점이 있는지 명료하게 설명하지 못하고 있고 여전히 책임을 방기하고 있다.

물론 그럴만한 사정은 있다. 스포츠는 독립적으로 존재하는 것이 아니고 앞서 미디어와의 관계처럼 사회 전반과 다양한 산업에 발을 걸치고 있다. 따라서 그 모든 이해당사자의 의견을 수렴하는 것이 어렵고, 경제적 측면 역시 고려할 수밖에 없다. 공정, 정의, 차별, 권리 등 짝을 맞추어 양립하기 어려운 의제를 동시에 다뤄야 하는 숙제도 있다. 그러나 현대인에게 스포츠란 현실의 불공정을 초월하는 공간으로 인식되곤 한다. 경기장에 들어가는 순간 지위 고하 및 인종을 막론하고 평등하게 경쟁하는 것이 스포츠에 대한 대중적 상식이다. 제도에 모든 것을 기댈 순 없지만 그럼에도 제도는 차별의 근거가 되어서는 안 되며 의학·과학적 논의를 멈춰선 안 된다. 과학적 트레이닝이 스포츠 전반에 자리 잡았지만 실상을 살펴보면 스포츠 의학·과학은 우리가 보고 듣는 사회의 변화보다 더디게 진화하고 있다. 과연 트랜스 여성 선수가 시스젠더 여성 선수에 대해 가지는 신체적 이점이 실존하는지, 의학계의 논의는 어디까지 와있는지를 살펴보고자 한다.

큰 키와 긴 팔다리

일반적으로 사람들은 트랜스 여성 선수가 시스젠더 여성 선수보다 운동에 더 적합한 신체와 정신력 그리고 기술을 소유하고 있다고 생각한다. 이를 세밀하게 표현하자면 다음과 같다. "트랜스 여성 선수들은 남성일 때 얻은 신체 조건과 경험 때문에 실제로 운동에 더 유리한 신체 크기나 근신경을 가지고 있다." 이 믿음은 남자가 여자보다 육체적, 심리적, 기술적으로 더 우월하다는 관점에서 출발한다.

다만 이와 같은 일반적 믿음이 모든 스포츠 종목에 일괄적으로 적용되는 것은 아니다. 특정 종목에서 무조건 남성이 유리하다고 볼 과학적 근거는 없다. 그럼에도 트랜스 여성이 시스젠더 여성보다 무조건 더 유리하다고 볼 수 있을까? 로렐 허버드에 비해 신체적 이점이 부각되어 보도된 리아 토머스의 사례를 신체 조건 및 기록의 측면에서 다른 경쟁자들과 비교해 보자.

리아 토머스의 신장은 약 184센티미터로, 2016 리우 올림픽 여성부 수영 결승 진출자들의 평균 키 175센티미터보다 약 9센티미터가 크다. NCAA의 전설이자 올림픽 7회 금메달리스트인 시스젠더 여성 케이티 러데키Katie Ledecky는 키가 약 183센티미터다. 또 여섯 번 올림픽 메달을 목에 건 미시 프랭클린Missy Franklin은 약 188센티미터다. 토머스의 키는 물론 큰 편이지만 더 장신인 선수들도 존재하므로 아주 압도적인 키는 아니다. 그렇다면 큰 키는 수영에서 유리한가?

키가 크면 레인lane에서 긴 몸으로 레이스를 펼치므로 시작점에서 반대 점까지 작은 선수들에 비해 수월하게 이동할 수 있다. 하지만 큰 키가 우승의 필수 조건은 아니다. 호주의 수영 스타 레이셀 존스Leisel Jones는 178센티미터의 키로 올림픽에서 아홉 개의 메달을 목에 걸었다. 단신으로도 이와 같은 압도적 성적을 내는 데 무리가 없다는 의미다. 한편 수영은 키뿐 아니라 손과 발 크기에도 영향을 받는다. 장신인 선수들은 보통 손과 발이 크다. 그러나 토머스의 손발 크기에 대해서는 정확히 밝혀진 바 없다.

언론이 보도한 '1등'이라는 키워드에 가려져 있지만 더 중요하게 봐야할 것은 토머스의 기록이다. 토머스는 여성부 경기에서 밥 먹듯 1등만 하지도 않았고 늘 신기록을 갈아치우지도 않았다. 토머스가 우승을 해 논란이 된 주요 경기를 기록으로 살펴보자면 다음과 같다. 먼저 지피인비테이셔널에서 토머스의 1650야드 자유형 기록은 15분 59초 71이다. 대회 2등과 38초 격차를 보였다는 그 경기다. 그러나 케이티 러데키의 세계 기록과 비교하면 그 벽을 쉽게 실감할 수 있다. 러데키는 2016년 오하이오주 인비테이셔널 경기에서 15분 3초 92의 기록으로 신기록을 세웠다. 토머스는 NCAA의 500야드 자유형 경기에서는 4분 33초 82의 성적을 거뒀으며 2등을 1.75초 차이로, 마지막 주자를 6.84초 차이로 이겼다. 이 역시 러데키의 신기록에 비하면 9.18초나 느리다. 200야드 자유형 경기에서는 다섯 번째로 결승점에 들어왔고 1등과는 약 2.28초 차이가 났다. 100야드 자유형 경기에서는 8등을 했으며 1등과는 약 2.12초 차이가 났다. 물론 남성부일 때 462위 정도의 경기 성적으로 여성부에 와 1등을 거머쥐었다는 비판을 제기하는 목소리도 있다. 하지만 기록의 상대성 측면에서 토머스가 무작정 압도적이라고만 보기는 힘든 것이다.

육안상 체형으로만 보면 토머스는 분명 경쟁자들보다 우위가 있다. 평균적인 경쟁자들보다 키와 골격이 크고 손발의 크기도 평균보다 클 것이기 때문이다. 다만 위 내용을 종합했을 때 토머스의 신체 조건이 기록에 얼마나 영향을 미쳤는지는 판별이 어렵다. 평균보다 작은 신장에도 불구하고 메달 순위권에 수차례 든 선수도 있고, 수영 종목은 애초에 격투기와 같이 체급을 세분화하지도 않는다.

기록을 통해 본 선수로서의 토머스는 중·장거리에 탁월하고 단거리는 약한 선수다. 외형만으로, 혹은 트랜스젠더라는 사실만으로 토머스가 경기를 압도할 것이라는 판단은 편견인 셈이다. 오히려 토머스의 경기를 분석할수록 이 선수의 기술적 장단점이 드러난다. 그렇다면 스포츠 과학자들의 의견은 어떨까? 생리적 조건에 대한 전문가의 의견을 소개한다.

이점이 곧 불공정은 아니다

조안나 하퍼는 앞장에서 소개한 것처럼 트랜스 여성 육상 선수 출신으로 현재 IOC에 자문을 제공한다. 영국 러프버러대학교에서 스포츠, 운동 및 건강 과학의 박사 학위가 있다. 하퍼는 여러 매체에서 다양한 패널과 이 문제를 논의했는데 BBC의 팟캐스트 코너 '스포츠 데스크Sports Desk'에서 로스 터커Ross Tucker와 토론한 내용을 요약해 소개하고자 한다. 터커는 세계력비연맹의 연구 컨설턴트로 재직 중인 남아프리카 공화국의 운동 생리학 박사다. 선수 건강과 성과, 법률과 관련된 전략적 결정을 지원하는 역할을 맡는다. 그는 트랜스 여성의 여성 스포츠 참여를 반대하는 대표적 인물이다.

> "스포츠에서 남성과 여성을 구분하는 이유는 테스토스테론으로 인한 이점을 구분해 배제하자는 것이다. 남자들은 13~14세가 되면 신체가 변한다. 근육량이 늘어나고 뼈의 밀도와 구조가 변한다. 그뿐만 아니라 심폐 지구력과 헤모글로빈의 농도가 달라진다. 이 같은 변화는 운동 수행 능력에 중대한 영향을 미친다." - 로스 터커

짐 제프리 쇼(The Jim Jefferies Show)에서 인터뷰하는 조안나 하퍼 ⓒComedy Central 유튜브

터커의 말처럼 테스토스테론 농도는 운동 수행 능력, 즉 위에 나열한 신체 구조 및 생리 구조에 영향을 미친다. IOC 등이 낮은 테스토스테론 수치를 요구했던 이유다. 다만 낮은 테스토스테론만을 기준으로 삼기에는 부족한 점이 많은데, 그 이유는 청소년기에 이미 테스토스테론에 의해 만들어진 생물학적 차이가 성전환 후에도 지속하거나 존재하기 때문이다. 이는 일반적으로 남성이 여성보다 운동 수행 능력이 높다는 점에서 알 수 있다고 터커는 말한다.

이에 더해 트랜스 여성 선수가 이점이 있다는 근거를 담은 13개의 논문이 있다고 주장하며 한 연구를 소개한다. 전립선암으로 인해 테스토스테론 농도가 낮은 선수들이 운동이나 훈련을 통해 테스토스테론 농도가 다시 높아졌다는 것이다. 이 결과를 트랜스 여성 선수 선수들에게 적용하면 생리학적으로 명백하게 어떤 현상이 나타날지 예측할 수 있다고 터커는 주장한다. 호르몬 요법으로 낮춰놓은 테스토스테론 농도가 언제든 운동으로 높아질 수 있다는 것이다. 터커는 트랜스 여성 선수에게 남성의 이점이 존재하지 않는다는 근거가 없다면 여성 스포츠에 참여시키지 않는 정책이 곧 신중한 출발점이 될 것이라 말한다.

> "이 분야에 있어 현대 과학은 아직 걸음마 수준이다. 아마도 우리는 앞으로 20년 안 동안은 명확한 답을 찾기 어려울 것이다." - 조안나 하퍼

한편 하퍼의 주장은 다른 결의 신중함을 말하고 있다. 확실히 트랜스 여성 선수에게 이점은 있지만 불공정은 없다는 게 그의 주장이다. 그는 두 가지 예를 들어 이를 설명한다. 먼저, 많은 종목에서 왼손잡이 운동선수는 오른손잡이보다 이점이 있다. 손이나 팔을 주로 사용하는 대결 종목을 떠올리면 쉽다. 왼손잡이를 상대하는 건 더 까다로운 법이다. 실제로 왼손잡이는 세계 인구의 약 10퍼센트인데 무려 40퍼센트의 펜싱 선수가 왼손잡이다. 이와 같은 이점이 있음에도 오른손

잡이 펜싱 선수와 왼손잡이 펜싱 선수는 의미 있는 경쟁을 할 수 있다는 게 하퍼의 논지다. 한편 이점이 불공정이 되는 예도 들었다. 예를 들어 복싱의 체급이 그렇다. 체급이 다른 복싱 선수는 같은 링에서 경쟁하지 않는다. 작은 체급의 선수가 어떤 노력을 해도 큰 체급의 선수를 이기는 것이 어렵기 때문이다. 이는 의미 있는 경쟁, 공정한 경쟁이라고 볼 수 없다 역설한다.

따라서 논의의 핵심은 "트랜스 여성 선수에게 이점이 존재하는가"가 아니라 "일부 이점에도 불구하고 트랜스 여성 선수와 시스젠더 여성 선수가 의미 있는 경쟁이 가능한가"의 질문이 되어야 한다고 하퍼는 말한다. 복싱으로 예를 들면 트랜스 여성 선수의 이점이 '사우스포와 오소독스의 차이'인지, '체급의 차이'인지를 살펴야 한다는 뜻이다.

그는 의학적으로 아직 명확한 답이 없다고 설명한다. 가령 트랜스 여성 선수는 체구는 크지만 체구에 걸맞은 골밀도나 근육량은 없다. 따라서 적은 근육량과 골밀도로 힘을 내야 한다. 이는 오히려 트랜스 여성 선수에게 불이익이 될 수 있다. 단순히 체구가 큰 게 이득이 될 수 없다는 뜻이 된다. 그는 미세한 차이로 승부가 결정되기도 하지만 그 미세한 차이라는 게 사실 다방면의 요소를 포괄하므로 체구가 크다는 이유만으로 단순하게 트랜스 여성 선수가 불공정한 이득을 갖고 있다고는 보기 어렵다 말한다.

터커와 하퍼는 동일한 논점에서 다투고 있지 않지만 각자 의미 있는 분석을 내놓았다. 터커의 주장에 따르면 성장기 이후 테스토스테론의 영향으로 얻은 신체적 이점이 명백히 존재하며 낮아진 테스토스테론 농도가 운동으로 다시 높아질 수 있다는 점을 고려해야 한다. 이에 따라 터커는 트랜스 여성 선수의 참여 제한을 주장한다. 하퍼의 주장에 따르면 테스토스테론이 낮아짐에 따라 근육과 골밀도는 체형만큼 발달하지 못하며, 트랜스 여성의 이점이 정말 경기의 공정성을 해칠 수준인지를 따져봐야 한다. 하퍼는 테스토스테론을 낮게 유지했을 시 일단은 참여를 허용해야 한다고 주장한다. '가용한 과학the available science'을 최대한 동원해 트랜스 여성 선수들의 참여를 보장해야 한다는 것이다.

현재 IOC 등 국제 연맹이 주로 채택하는 것은 테스토스테론 농도이며 이것은 하퍼가 말한 가용한 과학 중 하나로 볼 수 있다. 하지만 여기서 다른 논점을 던져보겠다. 과연 테스토스테론 농도가 절대적인 기준이 될 수 있을까?

호르몬이 말하는 것

일반적으로 여성의 평균 테스토스테론 농도는 리터당 약 0.5에서 2.5나노몰, 남성의 경우 9~35나노몰이다. IOC와 세계

종목별 선수의 테스토스테론 농도(남성)

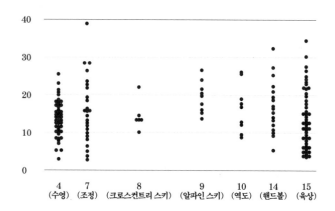

종목별 선수의 테스토스테론 농도(여성)

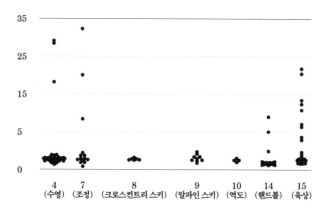

* HHMI Biointeractive. 단위: nmol

육상연맹 IAAF는 남성의 테스토스테론의 농도가 여성보다 현저하게 높으므로 트랜스 여성 선수가 불공정한 이득을 취한다고 본다. 따라서 IOC와 IAAF는 남성성의 불공정을 제거하기 위해 일반 남성 기준에서도 낮은 테스토스테론 수치 리터당 5~10나노몰을 기준으로 채택했다.

좌측 그래프는 미국의 교육 자료 배포 기관인 '하워드 휴즈 메디컬 인스티튜트(HHMI·Howard Hughes Medical Instituted)'에서 제공한 교육용 그래프다. 이 연구는 2014년 국가 대표 선수 남, 여 676명을 대상으로 시합 종료 2시간 안에 테스토스테론 농도를 측정한 결과다. 한 점은 한 명의 선수를 나타낸다. 실험군에 간성間性, 즉 양성 모두의 특질을 가진 인터섹스intersex 선수는 존재하지 않았으며 이미 도핑을 통과해 테스토스테론 농도에 영향을 미칠 금지 약물을 투약하지 않은 상태다.

그래프는 종목, 성, 개인별 차이가 있음을 나타내고 있다. 여성 선수 중에서도 약 4.8퍼센트에 해당하는 10명의 선수는 호르몬 수치가 리터당 10나노몰을 넘었으며 주로 수영 및 조정에서 발견된다. 특히 두 명의 여성 선수는 거의 리터당 30나노몰에 가까운 수치를 보여주고 있으며 한 명의 조정 선수는 심지어 30나노몰을 초과한다. 알파인 스키와 크로스컨트리 스키를 제외하고 남성 올림픽 선수 중 호르몬 수치가 리터당 10나노몰에 미치지 못하는 선수도 25.4퍼센트나 발견되었다.

이를 기반으로 생각해보면 국제 스포츠 연맹과 협회의 기준인 "출전 12개월 전부터", "테스토스테론 농도를 리터당 10나노몰 이하로 유지"는 일부 시스젠더 여성 선수조차 통과할 수 없는 기준이라 볼 수 있다. 이는 오로지 여성의 약 95퍼센트의 테스토스테론 농도가 리터당 10나노몰 미만이라는 점, 남성의 최저 테스토스테론 수치가 보통 리터당 9나노몰이라는 점만 근거로 들어 만들어진 기준이다. 그래프에 드러난 것처럼 종목, 성, 개인별 호르몬의 차이는 제대로 고려되지 않았다. 그렇다면 실제 테스토스테론은 운동 경기에 필요한 신체 능력에 어떤 영향을 미칠까?

테스토스테론과 헤모글로빈의 관계

보통 테스토스테론으로 인한 이점은 근육과 골밀도 등으로 대표된다. 하지만 테스토스테론은 헤모글로빈 수치에도 영향을 미친다. 테스토스테론이 적혈구 생산에 관여하기 때문이다. 체외에서 흡입한 산소를 근육, 심장, 폐 등 몸 전체에 운반하는 헤모글로빈은 근력과 심폐 지구력에 필수적이다. 테스토스테론으로 인해 남성은 여성보다 많은 헤모글로빈을 갖고 있다. 트랜스젠더의 경우 '호르몬 요법(GAHT·Gender Affirming

Hormone Treatment)'을 통해 젠더 정체성에 맞게끔 치료를 받게 되는데, 인위적으로 호르몬 수치를 낮춘 여성 트랜스젠더에게도 이것이 적용될까?

이와 관련해 스웨덴 카롤린스카 연구소의 토미 룬드버그Tommy Lundberg 교수와 연구진의 연구는 흥미롭다.[22] 연구에 따르면 일반적으로 남성이 여성보다 헤모글로빈 수치가 약 12퍼센트 높다. 또 호르몬 요법을 받은 트랜스 여성은 헤모글로빈 수치가 약 11~14퍼센트 정도 낮아졌다고 한다. 이는 테스토스테론 농도에 민감한 트랜스 여성 장거리 육상 선수에게도 나타난 현상이다. 낮아진 헤모글로빈 수치는 운동, 특히 유산소성 운동 수행 능력에 부정적 영향을 미친다. 운동을 수행하는 신체 기관에 산소를 공급하는 능력이 떨어지기 때문이다. 그에 상응해 떨어진 운동 능력은 약 2~5퍼센트포인트로 밝혀졌다.

물론 헤모글로빈의 숫자가 줄었다고 해서 산소를 받아들이는 모세 혈관, 미토콘드리아 등의 기능이 떨어지는 것은 아니고 피의 양과 같은 기타 요소가 영향을 받는 것도 아니다. 최종 산소 섭취량은 단지 헤모글로빈의 농도뿐 아니라 총 혈액량과 심장 크기 및 수축력, 모세 혈관, 미토콘드리아 함량 등에도 영향을 받기 때문이다. 이 때문에 연구는 헤모글로빈 수치가 유산소 능력 및 지구력 감소에 영향을 미치긴 하겠지만 그것이 남성과 여성 사이의 운동 능력 차이를 완전히 상쇄할 정도는 아니라고 말하고 있다.

장거리 운동선수는 체중, 특히 체지방에도 영향을 받는데, 호르몬 요법으로 줄어든 헤모글로빈은 체지방을 증가시킨다.[23] 이는 트랜스 여성 선수에게는 악재다. 특히 체지방은 달리기와 같이 체중이 경기력에 영향을 미치는 종목에서는 기록에 미세한 차이를 가져올 수 있다. 체지방과 기록의 명확한 상관관계가 밝혀진 바는 없지만 이 역시 체중이므로 선수 입장에서는 민감할 수밖에 없다. 연구에서는 체지방이 얼마나 증가해야 영양과 운동에 악영향을 끼치는지는 밝히고 있지 않으며 개인차가 있음을 강조한다.

종합하자면 룬드버그 연구진은 호르몬 요법을 받은 트랜스 여성 장거리 육상 선수의 체내 테스토스테론의 감소가 헤모글로빈 수치를 줄일 순 있지만, 이것이 유산소 능력 등의 확실한 감소를 의미하는 것은 아니며 사실상 근력 및 골격, 근육량에서 파생된 이점이 더 크기 때문에 IOC의 기준이 다소 포용적이라 주장한다. 하지만 반대로 호르몬 요법으로 인해 필요 이상으로 경기력이 떨어지는 이른바 '역효과'를 주장한 연구도 있다.

역효과는 존재하는가

일반 엘리트 장거리 선수를 대상으로 헤모글로빈의 영향에 대해 조사한 하퍼는 룬드버그 연구진과 조금 다른 결론을 냈다. 영국 브라이튼대학교와의 공동 연구에서, 3~4개월 호르몬 요법을 받은 여덟 명의 트랜스 여성 장거리 육상 선수들이 남성이었을 때 만큼의 경쟁력을 여성 경기에서 갖지 못했다는 점을 밝혔다.[24] 헤모글로빈 수치가 낮아진 만큼, 운동으로 활성화된 근육에 산소를 효과적으로 전달하지 못한 것이 원인이다. 경기력에 영향을 주는 또 다른 요인인 체중은 성전환 후 일반적으로 증가하는 양상을 보이지만, 이는 심리적 요인과 더불어 개인차가 있음을 덧붙였다.

테스토스테론의 감소가 헤모글로빈의 감소를 부른 것이 트랜스 여성 선수에게 영향을 준다는 점은 알 수 있으나 이것이 남성일 때의 이점을 공정하게 상쇄한 수준인지 혹은 필요 이상의 신체 능력 감소를 야기하는지는 과학계에서 통일된 의견이 존재하지 않는다. 다만 테스토스테론의 영향을 덜 받는 것으로 간주되었던 장거리 선수도 사실상 헤모글로빈을 통해 경기력의 영향을 받을 수 있다는 점을 알 수 있을 뿐이다. 하퍼와 룬드버그의 연구는 모집단도 다르고, 특히 하퍼의 연구의 경우 표본의 수가 적으므로 대표성이 떨어진다. 효과와 역효과의 존재는 앞으로 더 밝혀나가야 할 부분이다.

실험 데이터를 현실 경기에 대입해 보면 나름의 시사점을 얻을 수 있다. 토머스의 우승 기록을 보면 토머스는 장거리 레이스에서 더 뛰어난 결과를 보였다. 레이스가 길어질수록 장시간 동안 산소를 사용하며 헤모글로빈의 영향을 더 많이 받는다. 만약 이 영향으로 중·장거리에 강했던 것이라면 토머스는 헤모글로빈 수치가 감소했음에도 남성일 때 얻은 헤모글로빈의 기능적 이점을 십분 살린 것이라 볼 수 있다.

근육량과 근력에 관하여

테스토스테론은 근육 생성에도 관여한다. 흔히 도핑을 목적으로 투약하는 스테로이드는 근육량을 늘려 힘을 강하게 만들려는 목적에 기인한 것이다. 절대적인 것은 아니지만 근육의 양은 근력과 양의 상관관계가 있으며 이는 선수 선발과 훈련 모니터링에도 사용되는 지표다. 복잡하게 생각하지 않아도 체중이 더 나가는 사람이 덜 나가는 사람보다 힘이 세다. 투기 스포츠에서 체급을 나누는 이유이기도 하다. 하지만 근력과 근육량이 모든 스포츠에서 절대적인 기준이 될 수는 없다. 다음의 실험 결과는 남성, 여성, 트랜스 여성의 근육량과 힘의 차이에 관한 연구 결과다.

룬드버그는 2020년 발행된 그의 논문에서 성인 남성은 평균적으로 성인 여성보다 근육이 약 37퍼센트 많고 근력도

55퍼센트 강하다고 밝혔다.[25] 호르몬 요법을 약 1년간 받은 트랜스젠더는 근육량이 약 5퍼센트포인트, 근력이 4퍼센트포인트 떨어졌다. 같은 호르몬 요법을 2년 이상 지속한다고 해도 더 이상의 변화를 보이지 않았다. 이는 충분한 수치일까?

미국 워퍼드대학교의 해부학 교수 제레미 모리스Jeremy Morris의 연구는 남성과 여성의 상체 근력에 대한 차이를 극명하게 보여준다. 일주일에 두세 번 운동하는 일반인을 대상으로 한 연구에서 팔로 돌리는 자전거 형태의 운동 기구인 '암 에르고미터Arm Ergometer' 테스트를 수행한 결과 전방으로 돌리는 운동의 경우 남성이 여성보다 162퍼센트 강한 힘을 냈다고 밝힌다. 근육량과 근력이 일부 감소하는 것을 고려해도 쉽게 상쇄하기 어려운 수치다.

룬드버그 교수가 참여한 다른 연구에 따르면 상체뿐 아니라 하체에도 뚜렷한 차이가 나타난다.[26] 호르몬 요법을 약 1년 동안 받은 일반인 트랜스젠더의 운동 능력에 관한 연구에서 트랜스 여성은 1년 후 약 5퍼센트의 하체 근육이 줄었으나, 근육의 밀도와 하체 힘은 호르몬 치료를 받기 전과 비슷했다. 하체를 주로 사용하는 스포츠에서 트랜스 여성 선수의 힘은 여성 선수보다 강할 수 있음을 암시하는 대목이다.

하퍼는 이 실험의 한계에 대해 지적했다. 이 실험은 일반인을 대상으로 한 실험 결과일 뿐 선수를 대상으로 한 실험이 아니라는 점, 뿐만 아니라 모집단의 숫자가 매우 작고 연구의 기간도 1년으로 짧았다는 점 등이다.[27] 따라서 룬드버그 교수의 연구 결과는 다른 실험들에 비해 근골격에 중점 둔 실험이지 생리학에 초점을 맞춘 실험이 아니라 주장한다. 하퍼는 미국 미주리대학교 캔자스시티캠퍼스의 티머시 로버츠Timothy Roberts의 연구 결과에 주목한다. 이 연구는 호르몬 요법을 사용한 트랜스 남성 군인 29명과 트랜스 여성 군인 46명을 대상으로 36개월간 진행한 연구다. 이 연구는 하퍼가 지적한 룬드버그 연구의 약점이 일부 보완된 상태에서 진행되었으며, 통상적으로 얘기하는 근력보다는 기초 체력, 수행 능력에 방점을 뒀다.

근력도, 경기력도 아닌 체력

트랜스젠더 선수의 운동 수행 능력에 관한 연구는 피험자 확보부터 모집단의 크기까지, 많은 어려움을 내포하고 있다. 몇몇 올림픽 출전 선수를 대상으로 진행된 연구는 있지만, 전반적인 엘리트 선수들을 대상으로 한 연구는 거의 없다고 해도 과언이 아니다.

이 같은 연구 성과가 없는 가운데 신체 활동이 많은 군인을 대상으로 한 티머시 로버츠 박사 팀의 연구는 귀한 자료다. 이 연구는 근력도, 경기력도 아닌 체력에 대한 연구다. 연구팀은 1년간 호르몬 요법을 받으며 정기적 군대 훈련을 받는 트랜스 여성 군인들을 대상으로 기초 체력 테스트를 진행했다. 이들은 대조군인 여성 군인들에 비해 뛰어난 운동 능력을 보였으나 2년 후엔 그 차이가 크게 줄었다. 이 연구에서는 호르몬 요법을 받기 전과 2년간 받은 후 1분간 팔 굽혀 펴기 및 윗몸 일으키기 횟수와 1.5마일 달리기 시간을 측정했다. 트랜스 여성들은 호르몬 요법을 받은 후 팔 굽혀 펴기 테스트와 윗몸 일으키기에서는 여성들에 비해 갖는 이점이 사라졌다. 1.5마일 달리기는 일반 여성보다 약 12퍼센트가량 더 빨랐다.

하지만 상위 10퍼센트 안에 들어가는 여성 선수들에 비하면 12퍼센트는 그다지 유의미한 숫자가 아니다. 상위 10퍼센트 여성 달리기 선수가 되려면 일반 여성보다 29퍼센트나 더 빨라야 하고 엘리트 여성 선수는 일반 여성보다 약 59퍼센트가 더 빠르기 때문이다.[28]

팔 굽혀 펴기, 달리기, 윗몸 일으키기보단 단순하지만, 악력을 통해 알아보는 방법도 있다. 악력은 전신 근력을 파악하는 지표이며 체력 수준을 대변한다. 암스테르담대학교 메디컬센터와 오슬로대학교 병원이 공동으로 진행한 연구에서, 약 1년간 호르몬 요법을 받은 트랜스 여성은 테스토스테론의 농도 저하로 인해 악력이 약 1.8킬로그램 약해졌다.[29] 특히 악력 약화는 9~12개월 사이에 두드러졌다. 악력이 중대한 영향을 미치는 암벽 등반, 유도, 역도와 같은 스포츠에서 악력 약화는 매우 유의미한 척도다.

물론 이들 연구는 운동의 움직임을 몇 가지 기초 체력 테스트로 단순화했다는 약점이 있다. 스포츠는 종목마다 여러 운동 능력의 요소, 협응력, 민첩성, 심폐 지구력 등 운동에 영향을 미치는 요인이 다양하므로 몇 가지 테스트로 일반화하여 트랜스 여성 선수의 이점을 논하기엔 여전히 부족하다. 로버츠의 연구는 군인을 대상으로 했지만 운동선수와 완전히 동일한 신체 조건이라 보기는 어렵다. 엘리트 선수나 성장기 전후로 성전환한 선수들에게 어떤 영향을 미치는지는 여전히 미지수다.

다만 로버츠의 연구에 토머스의 사례를 대입해 유추해 볼 가치는 있다. 먼저 팔 굽혀 펴기를 보자. 악력 테스트보다 수영에 대한 상관관계가 두드러진다. 물리치료사이자 트레이너인 존 뮬런John Mullen 박사에 따르면 팔 굽혀 펴기는 등과 가슴 근육을 사용하고, 이 근육은 수영에서 추진력을 내는데 필요한 근육이다. 따라서 로버츠의 실험에서 2년간 호르몬 요법으로 피험자의 팔 굽혀 펴기 횟수가 줄었다는 점은 토머스의 추진력이 약화했을 수 있다는 점을 암시한다. 게다가 수영은 달리기와 유사한 지점이 있다. 둘 다 심폐 지구력과 하체 근지구력이 중요하다. 다만 달리기는 지면을 딛으며 관절에 가해지는 충격이 있어, 수영에 대입하긴 어렵다.[30]

한편 윗몸 일으키기 결과는 앞선 실험보다 유의미할 수 있다. 몸 중앙을 의미하는 코어core 근육은 수영에 있어 중요한 역할을 한다. 팔과 다리를 지탱해 주고 물에서 안정적인 몸의 각도를 유지할 수 있게 해주기 때문이다. 하체에서 생긴 힘을 상체로 전달하는 역할도 한다. 만약 호르몬 요법 이후 윗몸 일으키기 개수가 떨어진 것처럼 코어 근육이 약해졌다면 수영 경기에서 안정감을 감소시키고 힘 전달을 방해했을 수 있다.

이처럼 근력과 체력에 대해 일부 유추할 수 있는 대목은 존재하나 토머스가 얻은 이익 혹은 역효과를 정확하게 짚어낼 수는 없는 실정이다. 무엇보다 어떤 스포츠든 기술력의 중요성을 간과할 수 없다. 남성일 때는 운동 기술을 더 얻기 유리한가? 그렇다면 그 기술은 이점에 해당하는 변수인가? 토머스의 기록에 영향을 미치는 것에 기술력과 체력, 근력의 영향도는 각각 얼마인가? 물음은 끊임없이 파생될 수 있다. 그럼에도 제도는 데이터를 필요로 하기에 관련 연구는 지속적으로 이뤄져야 할 것이다.

부상이라는 복병

신체적 우위를 논하는 것과 별개로, 경기력에 영향을 주는 생각지 못한 복병이 있다. 스포츠 경기에서 뗄 수 없는 요소, 부상이다. 경기력과 부상은 동전의 양면 같은 관계다. 더 뛰어난 기술을 얻기 위한 훈련, 자신이 준비한 모든 것을 보여줘야 하는 경기는 자칫 부상으로 이어진다. 호르몬 요법으로 테스토스테론의 농도가 낮아지면 근골격계의 부상과 위험도가 올라갈 수 있다. 다만 이 점은 트랜스 여성의 신체적 이점 논의에서 매우 간과되고 있다. 아쉽게도 트랜스 여성 선수의 근골격계 부상과 부상 위험도에 대한 자료는 많지 않은 실정이다.

미국 노스웨스턴대학교 연구진은 트랜스 여성이 호르몬 요법을 받을 시 골밀도가 떨어진다고 밝혔다. 연구에 따르면, 실험을 진행한 트랜스 여성 47명 중 23퍼센트는 허리에, 9퍼센트는 대퇴경부에 2퍼센트는 엉덩이에 골다공증 증상이 발견되었다. 골밀도의 저하는 골격근의 약화를 유발한다. 실제로 성전환 수술을 받은 트랜스 여성들은 흉곽 또는 골반에 통증을 호소하는 경우가 확인된다고 연구는 밝히고 있다. CNBC 뉴스 프로듀서 출신이자 미국 뉴욕대학교의 연구자 에이미 번바움Amy Birnbaum 교수도 비슷한 사례를 제시했다.[31] 하지만 골밀도 저하가 골절까지 유발하는 수준은 아니었다. 50세 이하 트랜스 여성의 골절 위험이 여성들에 비해 비율상 많이 보고되고 있는데, 번바움 교수는 이것이 성전환 전부터 골절 위험도가 높았기 때문인지 호르몬 요법에 의한 위험 증가인지는 알 수 없다고 밝힌다.

번바움 교수가 지적하는 진짜 문제는 심혈관 질환이다. 특히 정맥혈전색전증의 위협을 경고하고 있다. 정맥혈전색전증이란 다리 심부정맥에 생긴 혈전이 폐의 동맥으로 이동하여 혈관을 막는 증상이다. 호르몬 요법을 받는 트랜스젠더는 이 질환에 노출되는 정도가 두 배나 높았다. 또 일반인보단 운동선수에게 많이 보고되는 질환이다.[32] 장시간 이동 또는 비행 여행으로 인한 혈액 응고 장애 역시 트랜스젠더에게 위협 요소다. 혈액이 응고가 과하게 활성화된 응고 항진 상태가 발생하면 호흡이 거칠어지며, 손발에 통증이 생기고 부어오르는 등의 증상이 생긴다. 심하면 사망에까지 이를 수 있다. 종합하자면 트랜스젠더 선수는 심혈관계의 위험을 경쟁자보다 더 많이 안고 경기에 출전하는 셈이다.

토머스도 마찬가지다. 만약 경기 중 이와 같은 질환이나 부상이 발생하면 생명을 위협할 만큼 치명적인 사고가 될 수 있다. 아직 논의할 만한 충분한 자료가 나와있지는 않지만 논의를 이어갈 때 절대 간과해서는 안 되는 내용이다.

비생물학적 논란의 진실

캐나다의 작가 말콤 글래드웰Malcomn Gladwell은 저서《아웃라이어OUTLIERS》에서 환경 요인이 성공에 절대적 영향을 미친다고 말한다. 누적된 이득과 함께 집중적인 훈련과 지원을 받으면 기량 성숙도가 높아지고 성장의 경험이 곧 실질적 효과로 나타난다는 것이다. 저자는 다수의 하키 선수가 1월생이 많음을 밝히며 이후 출생보다 누적된 이득이 많음을 역설한다. 물론 이 책은 트랜스젠더 선수에 대한 논의이므로, 지금부터 논하는 누적된 이득은 출생 시점이 아닌 훈련과 경기 경험으로 누적된 이득으로 치환해 설명할 것이다.

누적된 이득

트랜스 여성이 성장기 이후 성전환을 한 경우, 성장기의 훈련 환경은 남성 기준에 맞춰져 있다. 상대 선수는 남성이기에 남성을 기준으로 한 훈련 방법과 기술이 누적되어 있다. 어차피 하는 운동은 똑같은데 왜 누적 경험의 차이가 논란이 되는지 이해가 쉽지 않을 것이다. 이렇게 상상해 보자. NBA(National Basketball Association) 출신 트랜스 여성 선수는 이제껏 3점 슛을 WNBA(Women's National Basketball Association) 선수보다 더 멀리서 쐈다. 만약 골을 넣을 확률이 평균적인 WNBA 선수와 비슷하다면 어떨까? 기술적으로 유리한 지점이 생길 수 있다. 3점 슛을 멀리서 쏠 수 있다는 의미는 코트를 더 넓게 쓴다는 의미다. 공격팀이 돌파하는 등의 전술을 원활하게 쓸 수 있는 동력이 된다. 이는 팀과 개인 모두에게 이득이다.

경기로 누적된 라이벌 효과도 무시할 수 없다. 라이벌은 선수에게 부담감과 스트레스를 주지만 선수의 기록을 빠르게 성장시킬 수 있는 자극제다. 반면 기록이 현저하게 차이나는 선수는 경쟁 심리를 자극하지 못하고 상호 간 기록 향상을 도모하지 못한다. 전반적으로 요구되는 기록 수준이 더 가혹한 남성 선수와의 라이벌 경험은 여성부 경기에 있어 누적된 이득으로 작용할 수 있는 여지가 있다.

하지만 여성이 우세한 종목에서는 오히려 트랜스 여성 선수에게 불리한 지점이 생긴다. 가령 기계 체조가 그렇다. 기계 체조 종목의 마루, 평균대, 이단평행봉은 여자 체조 선수로서의 누적 이득이 더 큰 종목이다. 여성 선수와의 라이벌 경험이 전무한 트랜스 여성 선수는 기계 체조에서 두각을 나타내기 어려운 것이다. 미국 체조협회USA Gymnastics와 영국 체조협회는British Gymnastics 트랜스젠더 선수를 적극적으로 수용키로했는데 현재까지 트랜스 여성 선수의 기계 체조의 진출 사례는 보이지 않으며 앞으로도 불투명하다.

양궁이나 사격도 마찬가지다. 여성이 남성보다 월등하다. 144발을 쏘는 양궁 올림픽 예선 라운드에선 여성 선수인

박성현이 1405점으로, 남성 선수인 김우진의 1387점을 한참 상회한다. 사격은 대부분의 종목에서 여성이 남성의 기록을 훨씬 앞선다. 누적된 이득이 남성 선수들에게만 적용되는 게 아니라는 점을 알 수 있다.

리아 토머스의 어린 시절인 윌 토머스는 다섯 살 때부터 수영을 시작했다. 고등학교 재학 중 수영 선수로 활약하며 주州수영 대회에 출전할 만큼의 실력을 갖추고 있었다. 2017년 윌 토머스는 펜실베니아대학교 남자 대표 선수로 1000야드에서 6위, 500야드와 1650야드에서 전국 100위 안에 들었다. 2018년 자신의 정체성을 찾으며 커밍아웃하지만, 2019 시즌 남자 아이비리그 챔피언십에 출전하여 입상하는 등 뛰어난 성적을 기록했다.

2019년 5월, 그는 리아 토머스가 됐다. 토머스의 누적 경험을 앞선 기준으로 따져보자면 다섯 살 때부터 남성 선수들과의 훈련으로 인해 약 15년 이상의 누적된 이득이 있다고 볼 수 있다. 토머스의 성적은 남자 리그에서도 수준급이었기 때문에 남자 선수로서의 기술과 경험이 여성 경기에서 유리하게 작용했을 것이다. 물론 이것이 불공정을 논할 수준인지에 대해서는 마련된 기준이 없다.

홈 코트, 어웨이 코트의 디스 어드밴티지

비생물학적 논란을 하나 더 짚자면 홈 코트 어드밴티지와 어웨이 코트 디스어드밴티지를 짚을 수 있다. 지금까지 토머스를 중심으로 불공정 시비를 과학적으로 논하며 간과된 또 하나의 요소다.

이제 고인이 된 채드윅 보스먼Chadwick Boseman 주연의 영화 〈42〉는 최초 흑인 메이저 리그 선수를 그린 영화다. 경기장 안팎으로 주인공이 차별받는 모습이 영화 내내 드러난다. 관중들은 야유를 퍼붓고, 경찰에 의해 경기 중 쫓겨나게 되며, 한 시민의 경고에 자신의 거주지에서 도망치는 일도 발생한다. 차별은 메이저 리그에서도 계속된다. 동료 선수들은 주인공과 같이 뛰는 것을 반대하는 청원을 낸다. 심판은 명백한 세이프를 아웃으로 판정하며, 시즌 첫 경기 상대 팀의 감독은 주인공의 피부색을 모욕하는 언사를 퍼붓는다. 보스턴의 홈구장 펜웨이파크Fenway Park에서도 모욕적 언사가 흘러나온다. 주인공은 일류 선수이지만 심리적 압박을 받으며 실수를 연발한다. 홈구장임에도 오히려 어웨이 코트 디스어드밴티지를 겪으며 경기를 해야 했던 것이다.

이와 같은 일은 과거 시점, 영화에서만 발생하는 일이 아니다. 토머스도 경기장에서 유사한 야유를 받으며 경기했다. 홈 코트 어드밴티지는 왜 생길까? 사회 심리학자들에 따르면 한 사람의 감정은 다른 사람에게 전염된다. 이를 감정 전염 현상이라고 하며, 이는 선수, 동료, 관중에게 동시에 전염된다. 감정은 상호 호응하고 강도는 이에 비례한다. 흥분한 관중에 둘러싸였을 때 선수들은 더욱 강렬한 에너지를 낼 수 있다.

미국의 스포츠 매체 블리처리포트Bleacher Report에 따르면 NBA에서 정규 시즌 중 홈 팀의 승률은 약 60.6퍼센트였다. 플레이오프로 가면 홈 코트 어드밴티지 효과는 더 강해졌다. 홈 팀의 승률이 64.9퍼센트로 5퍼센트포인트가량 더 상승했다. 구체적으로 홈 팀의 실책은 3.1퍼센트포인트 줄었고 점수는 약 3.4퍼센트포인트 올랐다. 특히 속공 득점은 약 12.7퍼센트포인트 올랐으며 파울도 4.7퍼센트포인트 줄어들었다.

토머스는 홈 코트나 어웨이 코트와 무관한 경기를 펼쳤다. 그러나 그가 마주한 환경은 어웨이 코트에서나 볼 법한 상황이었다. 관중석은 사방이 트랜스 여성의 경기 참여 찬반을 논하는 광장이었고 트랜스젠더 참여를 반대하는 플래카드로 도배되어있었다. 경기 중 토머스가 호명될 때마다 야유 소리가 들려왔고 동료 선수들은 눈초리는 따갑기 그지없다. 위에 인용한 영화의 상황과 유사한 심리적 압박을 느끼고 있었을 것이다. 판정의 문제는 대두된 적 없으나 심판도 사람이기에 관중석의 분위기에 휩쓸려 토머스에게 불리한 판정을 내릴 가능성이 있다. 아직까지 토머스의 경기 기록은 우수한 편이지만 다른 트랜스 여성 선수들은 앞으로 지속적인 어웨이 코트 디스어드밴티지를 감내해야 할 수도 있다. 사회적 논의가 지속적으로 필요한 이유다.

결국 현대 의학을 포함한 스포츠 과학으로는 현재 트랜스 여성 선수와 시스젠더 여성 선수와의 시합이 공정한지 판단을 내릴 수 없다. 지금까지 소개한 다양한 쟁점을 가지고 유추할 수 있을 뿐이다. 다만 호르몬 기준 일변도인 현행 제도는 문제의 소지가 있어 보인다. 호르몬만을 기준으로 잡게 되면 테스토스테론이 리터당 5~10나노몰 이하인 남성들의 경우 성전환 후 호르몬 요법 없이 여성부 경기 참여가 가능하다. 이 경우 상술한 호르몬 요법의 부작용은 전혀 없는 것이 된다.

호르몬, 근력과 근육량, 종목별 차이, 골밀도, 부상의 위험, 심리 등의 다양한 요인을 소개하며 이 요인들 간의 인과관계나 상관관계 등을 고려한 복합적 연구나 지표가 부재한 것은 아쉬운 부분이다. 그러나 연구에 기꺼이 참여할 선수를 확보하는 것조차 어려운 일이며 스포츠의 고정적 성 관념, 스포츠 과학의 더딘 발전 속도를 감안하면 양질의 연구는 요원해 보인다.

결국 제도의 변화를 이끌어내려면 정확한 과학적 데이터가 필요하고, 과학적 데이터를 더 적극적으로 얻기 위해서는 성 소수자가 더 당당해지고 권익을 실현할 수 있는 사회 분위기가 선행되어야 하고, 그러한 분위기가 만들어지려면 정치권이 이를 정쟁의 도구로 사용해야 하지 말아야 하며, 역으로 정치권이 이를 표몰이로 이용하지 않게 하기 위해서는 여론이 다시 성숙해져야 한다. 엄청난 딜레마다. 그렇다면 사회 전반의 인식은 어떨까? 전 세계적으로 다양성에 대한 인식은 높아지고 있으니 이 문제 역시 오래지 않아 해결될 수 있을까? 이를 위해 토머스가 촉발한 또 하나의 논쟁인 라커룸, 그리고 화장실 문제에 대해 살펴봐야 한다. 사회의 저항이 어느 곳에서 발생하고 또 어떤 양상으로 달라지는지를 관찰할 수 있기 때문이다. 다음 장에서는 사회 전반의 인식과 함께 어떤 대안이나 절충안이 있을지 함께 살펴보고자 한다.

모두를 위한 라커룸

리아 토머스가 미디어의 지면을 달군 또 하나의 사건은 라커룸 문제였다. 여자 라커룸에서 동료 선수들에게 남성 성기를 보여줬다는 내부 고발이 제기된 것이다. 토머스와 같은 펜실베니아대학교 소속 동료 선수는 영국《데일리메일》과의 인터뷰에서 "토머스가 남성의 성기를 가지고 있으며 그것이 여성에 반응해 너무 불편하다"고 호소했다. 토머스가 여성과 데이트를 한다고 공공연하게 말하고 다닌다는 점도 함께 지적됐다. 또 다른 동료 역시 선수단이 토머스의 편의만 신경 쓴다며 불평했는데, 기사에 따르면 35명의 선수단 중 토머스를 지지하는 것은 2~3명에 불과했다. 공용 공간이자 사적 공간인 라커룸 문제는 토머스와 동료 선수들 간 갈등의 불씨가 됐다.

트랜스젠더 선수의 라커룸 문제는 비단 엘리트 선수만의 문제가 아니다. 지난 2015년, 미국 시카고의 윌리엄프렌드 고등학교에 재학 중인 한 트랜스젠더 학생은 자신이 선택한 성별에 따라 화장실과 라커룸을 사용하게 해달라고 학교에 요청했으나 학교 측에서 이를 거절했다. 그렇다면 성중립 화장실이나 라커룸은 해답이 될 수 있을까? 당시 학교 측은 별도의 개인 탈의실을 제공하는 방안을 제의했으나 학생과 인권 단체 등은 이를 거부했다. 왜 이들은 개인 공간의 제공을 거부했을까?

트랜스젠더 운동선수의 라커룸과 개인 공간에 관한 한 연구는 트랜스젠더 선수들에게 라커룸 공유가 매우 중요하다고 주장한다.[33] 과거 인종 분리 시대와 같은 차별과 고립, 낙인 효과가 생길 수 있기 때문이다. 스포츠 영역에서 보더라도 라커룸의 분리는 트랜스젠더 선수로 하여금 동료애, 팀워크 등에 악영향을 줄 수 있고, 팀 내 문화에서 격리시킨다. 이 문제는 학교 체육에서 더 커진다. 아이들과 청소년들은 학교에서 보내는 시간이 매우 길고 동류 집단 압박peer pressure이 강하다. 또래 간의 문화에 민감하다는 의미다. 거기에 교우들과의 놀이와 역할은 개인의 발달 과정에 중요한 역할을 한다. 미국 웨스트버지니아대학교의 디아나 모로Deana Morrrow 교수에 따르면 학교는 아이들이 첫 사회 집단을 형성하고 사회생활을 배우며 자기 효능감을 발달시키는 곳이다. 어릴수록 차별과 편견에 특히 더 취약하다. 따라서 개별 공간의 배정은 올바른 선택지가 아닐 수 있다.

다만 인권과 별개로 공간의 공유는 또 다른 문제를 내포하고 있다. 미국 UCLA의 앤드류 플로레스Andrew Flores 교수와 연구진이 2015년부터 미국 성인 약 1020명을 대상으로 한 설문 조사에서 일반 여론의 양가적 인식을 엿볼 수 있는데, 응답자 대부분은 트랜스젠더를 위한 공공 정책이나 노동에 대한 차별금지법에 동의했다.[34] 하지만 스포츠에서는 달랐다.

스포츠 제도는 타고난 성에 의해 구성되어야 한다는 것이다. 그 이유 중 하나로 시스젠더와 트랜스젠더가 같은 공간을 공유한다는 점이 거론됐는데 해당 연구에서는 이것이 전통적인 성 개념에서 유래된 결과로 보인다는 견해를 냈다. 관념적으로는 트랜스젠더 인권에 동의할 수 있지만 자신의 영역과 접점이 생기는 순간 곧 '나'의 문제가 된다. 라커룸·화장실 논의는 이 지점에서 후퇴한다.

미국 미시간주 그랜드벨리주립대학교의 로렐 웨스트브룩Laurel Westbrook 교수에 따르면 사람들은 보통 화장실이나 라커룸 등 성별로 나눠진 공간에선 타고난 성에 따라 이용하기를 원했다. 이는 '젠더 패닉gender panic'에 기인한다.[35] 젠더 패닉은 다른 성별에 대한 위협 인식이나 공포감을 의미한다. 성별로 나뉜 공간에서 여성은 남성을 위협으로 느낄 가능성이 높은데 트랜스 여성과 여성 전용 공간을 사용할 경우 그 연장선에서 젠더 패닉이 온다는 것이 그의 설명이다. 굳이 연구를 인용하지 않아도 관련 보도가 많아 보편적으로 떠올릴 수 있는 문제다. 한국에서도 2021년 초 경기도 고양시에서 여장을 한 어떤 크로스드레서가 한 상가 여자 화장실을 이용하려다 신고를 당한 일도 있었다. 여성들에게 남녀 공용 화장실 혹은 성별 표기가 없는 성 중립 화장실은 젠더 패닉의 대상일 수 있다. 문제는 이 젠더 패닉을 본능의 영역에 둘 것인지, 성 소수자 혐오의 영역에 둘 것인지다.

한편으로 이런 종류의 패닉이 성 소수자에 가해진 폭력을 변호하기 위한 수단panic defense으로 악용된 사례도 있었다. 2008년 미국 캘리포니아에서는 고작 14살의 소년이 성 소수자인 동급생을 살해했다. 가해자 브랜든Brandon McInerney의 변호인은 "피해자가 가해자를 성적으로 유혹하려 해 트랜스 패닉trans panic이 유발됐다"라는 논지를 폈다. 이 살인 사건 이후 캘리포니아주는 게이 혹은 트랜스 패닉을 재판에서 변호 논리로 이용할 수 없게 하는 법안을 제정했다. 젠더 패닉은 시스젠더와 트랜스젠더의 공간 공유에 관해 있어 중요한 쟁점이지만 이처럼 개념의 확장이나 악용에는 유의해야 한다.

라커룸 또는 화장실 공유는 트랜스젠더의 경기 참여 권리를 위해 꼭 넘어야 할 산 중 하나다. 다만 신체를 모두 노출하는 곳이기에 안전함이 요구되고 이에 따라 이미 전통적 성관념이 굳게 자리 잡은 상태다. 트랜스젠더의 미디어 노출 빈도나 인권의 신장에 비해 이 문제가 더딘 변화를 보이는 것도 이 때문이다. 국내 최초 트랜스젠더 법조인인 박한희 희망을 만드는법 변호사는 학술 저널 《여/성이론》에 기고한 〈모두를 위한 화장실, 화장실의 평등〉에서 성 중립 화장실을 두고 일어나는 여성과 트랜스젠더의 갈등에 대해 이렇게 말한다.

"화장실에서 성별 구분을 없앴을 때 여성들이 느낄 불안은 성차별적 구조에서 계속 발생하는 성폭력의 문제에 국가와 사회가 제대로 대처하지 못한 결과이다. 이런 점에서 여성들의 불안감은 개인이 극복해야 할 문제만은 아니다. 그러나 동시에 성별 구분된 화장실 앞에서 트랜스젠더들이 느끼는 불안감과 사용 시 겪는 차별 역시 트랜스젠더 개인의 문제는 아니다."

즉, 사회 구조적 변화가 수반되어야 할 문제라는 것이다. 앞서 《데일리메일》이 보도한 토머스의 사례에서는 토머스가 일방적인 가해자로 그려진다. 하지만 많은 트랜스젠더가 여전히 정체성에 따라 라커룸·화장실 등의 공용 공간을 이용할 때 편견 어린 시선에 의해 폭력을 경험한다. 2021년 2월 국가인권위원회가 발표한 〈트랜스젠더 혐오 차별 실태 조사〉에 따르면 트랜스젠더의 40.9퍼센트가 '부당한 대우를 받을까 봐 자신의 성별 정체성과 다른 성별의 시설을 이용했다'고 밝힌다. 개인마다 편하게 느끼는 지점이 다르겠지만 이 책에서 논하는 것은 스포츠다. 팀 중심의 스포츠라면 라커룸에서도 동료 선수들과 함께하고 싶은 선수가 대다수일 것이다. 때로는 은밀한 편견과 고립을 견디는 것보다 차별에 맞서는 것이 나을 수 있다.

가장 이상적인 것은 모든 선수에게 개별 탈의 공간, 개별 화장실이 제공되는 것이다. 다만 이를 구현하기에는 경제적·공간적 한계가 있다. 대회에 출전하는 트랜스젠더 선수는 늘어나고 있고 이 문제의 포괄적 해결을 위해 사회 구조의 변화만을 기다리기엔 너무 늦다. 선수 당사자 간의 조율과 합의를 위해 더 많은 레퍼런스가 필요하다.

여론의 다이내믹

앞서 언급한 플로레스의 연구는 라커룸 문제 이외에도 눈여겨볼 구석이 많다. 예상을 비껴가는 내용이 많기 때문이다. 보통 트랜스 여성 선수의 여성부 경기 참여를 떠올리면 여성이 이해 당사자기 때문에 반대 목소리가 높을 것이라 예상할 수 있다. 하지만 이 연구는 반대의 결과를 보여 준다. 트랜스젠더 선수가 전환한 성별의 경기에 참여하는 것을 두고 35.6퍼센트의 여성 응답자가 긍정했고 23.2퍼센트의 남성이 긍정했다. 반대 입장은 남성 38.8퍼센트, 여성 28.5퍼센트였다. 여성의 경우 스포츠에 관심이 많을수록 트랜스젠더 선수가 바꾼 성의 경기에 참여하는 것에 부정적이었는데 그 수치는 남성 응답자의 양상과 비슷했다. 또 트랜스젠더와 사회적 관계를 맺고 있는 사람은 그렇지 않은 사람에 비해 트랜스젠더의 경기 참여에 호감을 표했다. 여기까지는 사회 일반의 진보적 인식과 공정성에 대한 관념이 반씩 반영된 것으로 볼 수 있다. 일반 여론에서 이 쟁점의 변수는 '스포츠에 대한 관심도'가 된다.

그런데 운동선수를 대상으로 한 조사에서는 변수로서 '응답자의 성별'이 두드러진다. 호주 모내시대학교의 연구자들은 호주 축구, 크리켓 등 약 12개의 스포츠 클럽 선수를 무작위로 설문 조사했는데 트랜스 여성 선수가 여성부 경기에서 불공정한 이득을 취할 것으로 보느냐는 질문에 약 24퍼센트의 여성 응답자와 46퍼센트의 남성 응답자가 그럴 것이라고 답했다.[36] 이 같은 양상은 다른 설문에서도 확인된다. 23개 종목의 팀 스포츠와 투기 스포츠 클럽 선수에 대한 설문에서도, 위와 같은 질문에 39퍼센트의 여성 응답자와 65퍼센트의 남성 응답자가 트랜스 여성 선수에게 불공정한 이득이 있다고 답했다. 매우 그렇다고 답한 극단적 답변도 여성은 9퍼센트 남성은 27퍼센트였다. 언론에서는 트랜스 여성 선수와 여성 선수의 갈등이 주로 부각되지만 실제로는 남성 선수가 훨씬 부정적인 것이다.

여론의 역동성은 비단 모집단이 일반인이냐 선수냐에 따라서만 변하는 게 아니다. 스포츠 경기의 성질에 따라서도 나뉜다. 일본 나고야대학교의 치카코 타니모토Chikako Tanimoto와 연구진에 따르면 일반적으로 대중들은 트랜스젠더의 생활체육 참여에는 관대하지만 엘리트 스포츠 참가에는 반대하는 경향이 강하다. 이는 응답자의 운동의 성취도가 높을수록, 트랜스 여성의 참여가 불공정하다는 관념적 믿음이 강할수록 뚜렷하게 나타난다.[37] 일본뿐 아니라 젠더 개념이 일찍 시작되고 널리 받아들여진 영미권에서도 비슷한 결과가 나타난다. 미국, 호주에서 발표된 다양한 연구에서 트랜스 여성의 엘리트 스포츠 참여 반대 비율은 성별을 불문하고 높은 편이다.

종합하자면 '리그 규모가 클수록', '운동에 대한 관심이 높거나 숙련도가 높을수록', '남성일수록' 반대 비율이 높다고 볼 수 있다. 성별에 따른 반응의 차이는 비단 남성이 더 스포츠 접근성이 크기 때문만은 아닐 것이다. 남성은 주로 생리학에 대한 관념적 믿음을 합리화하기 위해, 여성은 사회 정의를 구현하기 위해 트랜스 여성의 여성부 경기 참여를 반대하는 것일 수 있다. 정치권이 트랜스젠더 이슈를 정쟁화하고 미디어 역시 자극적 보도가 많지만 사회 일반의 여론은 나름의 상식적 근거를 기반으로 형성되었다고 볼 수 있다. 다만 포괄적으로 다양성에 대한 인식이 높아진다고 하여 트랜스젠더 선수의 스포츠 참여 권리가 제고될 것이라 기대하긴 어렵다. 결국 이들의 스포츠 참여를 가로막는 주요한 장벽은 사회 일반에 다방면으로 혼재된 '스포츠에 대한 관념적 믿음'이다. 이는 단순히 '남성이 여성보다 경기력이 좋을 것이라는 믿음'

이라기 보다 '적어도 엘리트 스포츠는 공정성의 담보를 위해 어떻게든 선수의 조건을 분류해야 한다는 믿음'에 가깝다.

독립 리그 논쟁

논의는 여전히 표류 중이다. 아직 트랜스젠더 선수가 대대적으로 등장하지 않은 한국에서도, 성에 있어 진보적이라 할 수 있는 영미권에서도 각계각층이 통일된 답을 내는 것은 요원해 보인다. 논쟁적인 사안임은 자명하지만 풀어나가야 할 문제는 명확하다. 이 논의가 서로를 향한 반목과 비난으로 치닫는 것이 문제다. 접근법이 다양함에도 논의가 주로 고질적인 스포츠계의 성 인식에서 출발하거나, 성 소수자에 대한 포괄적인 수용과 배제의 문법을 띠는 것이 문제다. 비단 엘리트 선수의 참여뿐 아니라 포괄적인 스포츠 접근권이 담보하는 성 소수자의 건강이 문제다. 이 쟁점에서 차별과 혐오가 쉽게 공정의 가면을 쓸 수 있는 점이 문제다.

2009년을 기준으로 미국의 트랜스젠더의 수는 인구 10만 명 당 38~147명이었고 2016년 그 수는 동 단위당 390명으로 늘었다.[38] 이를 기반으로 추정하면 2016년 미국의 트랜스젠더 인구는 약 100만 명으로 추정된다. 커밍아웃이 쉽지 않은 점, 다양성에 대한 논의가 몇 년 새 더 활발해진 점을 고려하면 현재는 훨씬 더 많은 인구가 있을 것이다. 비율은 적을지 몰라도 결코 적은 절댓값이 아니다. 이 많은 인구가 언제까지 전통적 성 구분에 따른 양성 리그에 의해 스포츠 접근권을 박탈당하게 둘 수 없는 노릇이다.

정의로운 마음은 누구라도 가질 수 있다. 다만 정의의 문법으로는 그 공고한 스포츠계의 패러다임과 맞물려 논의가 쉽게 공회전한다. 따라서 이 책에서는 선언적 구호를 잠시 내려두고 트랜스젠더 선수가 스포츠 경기에 참여하기 위해 논의되어야 할 구체적인 제도, 의학적 쟁점, 미디어의 역할을 파고들었다. 정치권이나 시민 사회의 노력은 트랜스젠더의 포괄적 차별 금지를 향하고 있지만 선수의 실제 경기 참여를 위해서 IOC나 NCAA, FINA 등에서 논의되는 것은 호르몬 규정이기 때문이다. 앞부분은 대부분 기준에 관한 논의였다. 그렇다면 논의의 주제를 대안으로 바꿔보자. 이 연장선에서 논해볼 수 있는 것은 '트랜스젠더 독립 리그'다.

여성의 인권 신장과 함께 여성 리그가 탄생할 수 있었듯 트랜스젠더 인구의 증가와 젠더 개념의 폭넓은 인정은 독립 리그 창설의 근거가 될 수 있다. 다만 앞서 소개한 BBC 스포츠 데스크에서 조안나 하퍼와 로스 터커의 이야기를 종합하면 몇 가지 문제점이 있다. 트랜스젠더에 대한 독립 리그가 필요하냐는 사회자의 질문에 하퍼는 기본적으로 제3의 리그가 유효할 수 있음을 긍정했다. 그러나 역시 인구 비율을 문제

삼았다. 남성 49.5퍼센트, 여성 49.5퍼센트가 존재한다면 트랜스젠더 인구는 1퍼센트 미만인데 이 숫자로 단독 리그를 구성할 수 있겠냐는 것이다. 그는 국가별 차이에 대해서도 언급했다. 트랜스젠더 팀을 구성할 수 있는 국가는 한정적일 것이기 때문이다. 국가마다 트랜스젠더의 수도 다르고 문화적 차이도 있다.

터커의 논지도 비슷하다. 트랜스젠더 독립 리그 창설이 곧 지향점이 되어야 하며 미래에는 가능할 것이라 말하지만 역시 인구 비율을 문제 삼는다. 특히 이것이 또 하나의 차별 근거가 될 수 있음을 지적한다. 아직도 어떤 국가에서 트랜스젠더 자체를 범죄화하는 경우도 있으므로 세계가 아직 독립 리그에 준비가 되지 않았다고 말한다.

하퍼는 엘리트 스포츠에서 의미 있는 경쟁을 즐길 수 있도록 리그 구성의 범주를 재설정한다는 점에서는 긍정했다. 가령 스포츠를 갑자기 성 구분 없이 치르게 되면 현시점에서 많은 여성 선수의 보호가 어려워진다. 현재 여성, 남성 리그로 각 리그의 범주를 축소한 것은 해당 범주 내 어떤 선수와도 의미 있는 경쟁을 즐길 수 있도록 합의가 이뤄진 결과다. 그것이 남성이 여성 리그에서 메달을 획득하거나 프로 스포츠 계약을 따내는 것이 불가한 이유다. 지금의 양성 리그가 적절한 범주의 설정으로 여겨져 왔기에 트랜스 여성 선수가 어떤 리그에서 뛰어야 할 것인가에 대해서도 주로 '불공정한 이득'을 상쇄하는 방향으로 논의돼왔다. 즉, 하퍼의 말은 성별 이분법을 뛰어넘는 새로운 범주의 논의가 있다면 유의미하다는 의미다.

　　뉴질랜드 오타고대학교의 린리 앤더슨 교수는 색다른 대안을 제시했다. 바로 패럴림픽대회에서 차용한 다면적 알고리즘 방식이다.[39] 이 방식은 사람 간의 차이를 구분하여 공정하고 모든 운동선수에게 기회를 준다는 점에서 착안했다. 패럴림픽은 장애인 급수나 의학적 상태 대신 선수 기능에 의한 알고리즘 즉 활동 제한 범위를 다룬다. 페럴림픽은 크게 세 가지 순차적인 과정을 통해 특정 스포츠 참가를 결정하는데, 첫째는 영구 장애 여부다. 패럴림픽 참가를 결정하는 첫 관문이다. 시각 장애, 지적 장애, 근육 장애 등 10가지 장애등급으로 나눈다. 둘째로는 종목 참가를 위해 손상 기준을 판단하여 특정 스포츠 기초 수행 능력을 판단한다. 예를 들면 팔다리의 절단 정도에 따른 기능 저하 측정을 말한다. 마지막으로 손상 기준을 통해 참여 등급을 결정한다. 장애 등급에 따라 특정 스포츠 참여 등급을 결정하는 과정이다.

　　간단하게 페럴림픽의 알파인 스키를 예로 들어 보자. 우선 알파인 스키 참가 자격이 있는지 없는지 판단하고 장애 종류 즉 상체, 하체, 시각 등으로 분류한다. 둘째 장애 종류에 따라 선수의 기초수행능력을 평가한다. 셋째, 상체 장애 정도 (한쪽 또는 양쪽 절단) 하체 장애정도(한쪽 또는 양쪽 절단) 상체 하체 절단 등의 기준을 참여등급을 결정한다. 패럴림픽 모델 을 기준으로 한 앤더슨 교수의 알고리즘은 타고난 신체 능력 은 배제하고 기술, 파워, 심리, 지구력 등의 요소를 고려한다. 또 운동 수행 능력에 요구되는 생리적 사회적 요소를 첨가한 다. 스포츠 과학에서 논의되었던 테스토스테론 수치와 선수 가 거주했던 지역의 환경 및 사회 경제적인 요소까지 포함하 는 것이다. 분류 체계가 매우 꼼꼼하기 때문에 후천적 노력에 의한 경기 구성이 가능해진다. 앤더슨 교수는 트랜스젠더 선 수들의 참여를 논하기 위해서는 기존 시스템에 합류시키는 것보다 더 나은 환경을 조성하고 합류시키는 것이 중요하다 고 역설했다.

성별 이분법을 벗어난 일련의 대안이 시사하는 바는 '새로운 범주화'의 가능성이다. 다만 현재 가장 많은 언급이 이뤄지고 있는 독립 리그조차 풀어야 할 문제가 산적해있다. 무엇보다 독립 리그가 차별 리그로 변질하면 안 된다. 20세기 를 대표하는 차별 정서인 '원 드롭 룰One Drop Rule'의 폐해가 반 복될 수 있다. 인종 차별이 존재하던 미국에선 흑인과 라틴계 로 구성된 별도 리그가 존재했다. 선수들은 경기장을 빌리는 동안에도 라커룸과 샤워실 사용이 금지되었다. 지금 트랜스젠더 선수들이 겪는 문제와 크게 다르지 않다. 독립 리그에 비해 더욱 다양한 요소를 고려한 앤더슨 교수의 대책은 스포츠를 이분법적 사고가 아닌 전혀 다른 방식으로 바꾸는 방식이라는 점에서 '특이점Singularity'이라 할 수 있지만 과연 세계가 남성과 여성조차 구분 없이 경기하는 모습을 받아들일 수 있을지는 미지수다.

에필로그   한국의 현주소를
             돌아보며

2020년 1월 서울서부지방법원 앞에서 '동대문구 퀴어여성체육대회 대관차별에 대한 손해배상 소송 기자회견'이 있었다. 동대문구와 동대문구 시설관리공단이 여성 네트워크가 주최하는 '2017 제1회 퀴어여성생활체육대회'에 대해 일방적으로 대관 취소를 통보했기 때문이다. 공단은 공사 일정이 미리 잡혀 있었으나, 행정 오류로 대관을 허가했다는 이유를 댔다. 그런데 동대문구와 관리공단의 공시엔 대관 허가 전에 공사 일정이 잡혀 있다는 근거는 없었다.

구청의 관련 담당자는 민원을 핑계로 댔다. 성 소수자들이 체육대회를 한다는 것에 대해 민원이 들어오고 있으며 동대문구청으로부터 미풍양속을 이유로 대관이 취소될 수 있다는 이야기를 들었다는 것이다. 퀴어여성네트워크는 국가인권위원회법 제2조에서 금지하는 '성적 지향을 이유로 한 차별'을 근거로 동대문구와 공단 등을 상대로 총 3000만 원의 손해배상 청구를 했다. 현재 대한민국 공공기관의 현주소다. 트랜스젠더의 공공시설 이용 제한의 근거로 '미풍양속을 해치기 때문'이라는 근거를 대는 것 말이다.

서울행정법원은 2021년 트랜스젠더 A씨의 여성 화장실 이용을 제한한 학원장 B의 국가인권위원회 시정 권고 불복 소송에 패했다. 화장실을 쓰기 어렵다는 민원만으로 이용 제한은 타당하지 않다는 이유에서였다. A씨는 성전환 수술

뒤 법원에서 남성에서 여성으로 정정하는 결정을 받았다. A 씨는 국비 지원을 받아 미용학원과 원생들에 자신의 정체성을 밝히며 여자 화장실을 이용하겠다고 밝혔다. 하지만 학원장인 B 씨는 같은 다른 수강생과 같은 건물의 이용자들이 불편함을 느끼니 다른 층의 남자 화장실을 이용을 권하며 여성 화장실 사용을 제한했다.

A씨는 여성 화장실 이용을 제한받는 차별을 당했다고 인권위에 진정을 냈다. 인권위는 합리적인 이유 없이 여성 화장실 제한은 차별 행위에 해당한다며 B씨에게 특별인권교육을 수강을 권고했다. B씨는 이에 불복하며 행정소송을 냈다. 하지만 행정법원 재판부는 성 정체성을 근거로 화장실 사용을 제한은 차별에 해당한다며 B씨의 주장을 기각했다.

트랜스젠더가 화장실 사용에서 겪는 불편함은 국가인권위원회에서 발표한 통계 자료에서도 확인할 수 있다. 트랜스젠더 589명 중 40.9퍼센트에 해당하는 241명이 '부당한 대우를 받을까 봐 자신의 성별 정체성과 다른 성별의 시설을 이용했다'고 밝혔다. 이 중 39.2퍼센트에 해당하는 231명은 '화장실 이용을 피하고자 음료를 마시지 않았다'고 답했고, 36퍼센트에 해당하는 212명은 '부당한 대우를 받을까 봐 화장실 이용을 포기했다'고, 12.2퍼센트에 해당하는 72명은 심지어 '화장실 이용을 제지당했다'고 밝혔다.

트랜스젠더 엘리트 선수가 등장할리 만무한 현실이다. 영미권을 중심으로 이뤄지고 있는 논의들은 그 자체로도 논란이 가득하지만 한국에 비해서는 꿈만 같은 이야기다. 다만 영미권도 우리와 비슷한 단계를 지나왔다. 그리고 숱한 차별과 논란 속에 논란의 도쿄 올림픽에서 로렐 허버드는 탄생했다. 리아 토머스 역시 당장의 옳고 그름을 떠나 언젠가 논의되어야 할 문제를 짊어지고 국제 스포츠 리그의 문을 두드리고 있다. 한국은 더 발전된 모습으로 트랜스젠더 선수들을 맞을 수 있기를 바란다. 트랜스젠더 선수를 스포츠계 안으로 받아들이는 시작과 과정은 분명 트랜스젠더 선수들에게도, 이해관계에 놓인 많은 선수와 스포츠계에도 뼈아픈 과정일 것이다. 하지만 이 또한 성취의 일부다. 우리 앞에 놓일 성취가 아픈 과정 또한 빛나게 할 것이다.

부록   박한희 변호사 인터뷰

북저널리즘은 《모두의 운동장》을 기획하며 트랜스젠더 당사자의 이야기를 꼭 담고자 했다. 이에 국내 최초 트랜스젠더 변호사로 소개되고 있는 공익인권변호사모임 '희망을만드는법'의 박한희 변호사를 인터뷰했다. 책 내용을 기반으로 저자와 인터뷰 질문을 상의하고 책에서 논의하는 다양한 내용에 대해 질문했다.

독립리그는 차별 리그다

트랜스젠더 선수의 스포츠 참여는 어떻게 이루어져야 한다고 생각하나?

트랜스젠더가 자신의 성별 정체성에 따라 모든 영역에서 존중받아야 한다는 게 트랜스젠더에 대한 차별 금지 원칙론이다. 스포츠라고 특별히 다를 바가 없다. 스포츠에서도 차별받지 않아야 한다는 기본 원칙이 있다. IOC 헌장에도 성적 지향으로 차별해서는 안 된다는 조항이 있다. 여기에는 성적 지향만 언급되지만 성별 정체성도 포함된다고 봐야 한다. 즉, 스포츠에서도 기본 원칙은 트랜스젠더가 자기의 성별 정체성에 따라서 원하는 성별의 리그로 참여할 수 있게 해야 한다는 것이다.

독립리그에 대한 생각이 궁금하다.

독립 리그는 선수 당사자들이 원할 경우, 그게 더 편하다면 의미가 있을 수도 있다. 하지만 기본적으로 독립 리그는 '플레이 바이 컬러Play by color'다. 같은 인종끼리 경기하라는 것과 다를 바 없다. 미국에서 흑백 분리가 심했던 시절에 유명했던 '짐 크로법Jim Craw Laws'이 그렇다. 남부 연맹의 모든 공공기관에서 합법적으로 인종 분리를 시도한 것이다. 흑인은 흑인 학교, 백인은 백인 학교를 가고, 버스를 탈 때도 흑인과 백인의 좌석은 나뉘어 있었다. 지금 보면 굉장히 차별적이지만 일단 동등한 시설을 제공하기만 하면 결과적으로 평등하다는 게 그 당시의 논리였다. 흑인과 백인이 교류하지 않고, 섞여서 차별하지도 않고, 각자 살면 되지 않느냐는 것이다. 하지만 일련의 분리 정책들은 미국의 연방대법원에서 차례로 위헌 판결을 받았다. 대표적인 것이 흑백 교육 분리를 위헌으로 판결한 '브라운 판결'이다. 이런 식으로 다수 집단에서 특정 소수자를 분리하고 배제하는 것 자체가 차별이다. 독립 리그가 생기면 그런 식의 차별이 결국 발생할 것이다.

시대가 많이 바뀌었다. 공정한 분리임을 강조해도 관련

문제가 생길까?

잘못된 인식을 심어줄 수 있기에 그렇다. 트랜스젠더는 제3의 성이 아니다. 물론 트랜스젠더 중에서도 자신을 '논바이너리'로 소개하며 스스로 남성도 여성도 아닌 제3의 성이라 생각하는 분들이 있다. 하지만 많은 경우에 트랜스 여성과 트랜스 남성은 그냥 여성과 그냥 남성인 것이지, 여성 트랜스젠더와 남성 트랜스젠더라는 성이 따로 있는 게 아니다. 그런데 독립 리그를 하면 여성과 남성 외에 트랜스젠더라는 성이 따로 있는 것처럼 보일 것이다. 그리고 그것이 차별 인식으로 이어질 것이다.

이외에 또 다른 우려가 있다면?

실제 독립 리그가 구성이 될 수 있냐는 문제도 있다. 선수들은 다 자신이 트랜스젠더임을 커밍아웃해야 할 거다. 그럴 수 있는 사람들이 얼마나 될까. 그리고 리그라는 형태로 구성될 정도의 인원이 될까. 그렇기에 현실적인 면에서도 이념적인 면에서도 바람직한 모습은 아니라고 본다. 기본적으로 통합해서 하는 것이 맞다고 생각한다.

트랜스젠더 선수들의 입장은 어떨까?

전환 후의 성으로 경기를 뛰어야 한다는 입장일 것 같다. 성
소수자들은 계속 "너희들끼리만 있어라"라는 요구를 받는다.
모든 퀴어가 마찬가지다. "너네끼리 조용히 살아라. 너네끼리
만 재밌게 잘 살면 되는데 우리 사이에 왜 끼려고 하나. 성 소
수자임을 드러내지 말고 그냥 내 눈에 띄지 마라." 독립 리그
도 결국 그런 의미가 될 가능성이 크다. 그럼 스포츠 경기 운
영에 필요한 스폰서 등 최소한의 지원이 생기겠는가? 어렵다.
게다가 리그를 한다는 건 보러 오는 사람이 있는가가 중요하
다. 그런데 패럴림픽만 해도 올림픽에 비해 관중의 수가 확 줄
어든다. 패럴림픽에서조차 아무리 열심히 해도 주목을 못 받
는데, 심지어 트랜스젠더 리그는 얼마나 더 심하겠는가. 아예
리그로서 성립이 안 될 거라고 생각한다. 자본도 들어가지 않
고 관심도 받지 못하고, 거칠게 표현하면 '치워 버리는' 느낌
이 될 수밖에 없을 것이다.

성 중립 화장실과 라커룸 문제도 있다. 이에 관한 생각은 어떤가?

안 그래도 얼마 전에 미국 오리건대학교를 다니는 친구를 만

났다. 매우 진보적인 곳이고 트랜스젠더에게도 친화적이다. 거긴 라커룸 성별이 남성, 여성으로 크게 구분돼 있기는 하지만 기본적으론 다 개인 라커룸이 제공된다. 옷 가게 탈의실처럼 트랜스젠더도 자기 성별에 따라서 들어가 개인 라커룸을 쓰면 되는 것이다. 매우 이상적인 형태라고 생각한다.

<u>모두에게 개인 라커룸을 제공하려면 훨씬 더 큰 면적이 필요해 현실적으로 어렵지 않겠나.</u>

물론 면적을 더 쓰긴 하지만, 이것이 꼭 트랜스젠더만을 위한 게 아니다. 남이랑 같이 옷 갈아입기 싫은 사람들도 있지 않은가. 흉터가 있거나 본인 몸에 콤플렉스가 있거나 해서 남한테 내 알몸을 보이기 싫은 사람들이 충분히 있을 거다. 그런 사람들의 프라이버시를 위해서라도 이게 맞다. 이화여대 여학생 기숙사의 공용 샤워실도 불투명 유리로 칸이 나뉘어 있어 한 명씩 들어가서 샤워할 수 있는 것으로 안다. 이것도 비슷한 사례라고 본다. 같은 여자라고 해도 왜 알몸을 옆 사람한테 다 보여주면서 해야 되나? 모두의 프라이버시를 위해서 개인 라커룸을 주는 게 방법이 될 수 있다. 물론 개인 공간을 모두 갖추는 게 여건상 당연히 불가할 수 있다. 그 부분에 대해 친구에게 물어봤다.

친구분의 대답은?

기본적인 원칙은 성별 정체성에 맞게 사용하는 것이다. 그런데 만약 다른 이용객이 같이 쓰는 게 불편하다고 얘기하거나 당사자가 불편하다면 협의를 해서 당사자를 위해 별도로 공간을 마련할 수 있다. 하지만 그게 1차 원칙이 돼서는 안 된다. "트랜스젠더니까 무조건 다른 공간을 사용하라"라는 것이 된다. 주최 측 노력의 문제라고 할 수 있다. 당사자한테 맡겨두고 "우리는 모르겠다"라며 손 놓고 알아서 하라고 하는 건 잘못됐다는 거다. 그게 대학교들, 특히 성 소수자 친화적인 대학교들에서의 원칙이라고 하더라.

관련해서 차별금지법의 논리가 생각이 난다.

사실 차별금지법도 '소수자를 차별하지 말자' 이런 논리가 아니라 누구나 차별의 대상이 될 수 있으니 모두의 입장에서 논의하자는 것이다. 라커룸 문제도 똑같다. 모두의 프라이버시라고 생각하면 트랜스젠더만의 문제는 아니다.

스포츠는 과연 공정한가

생물학적 성으로 나누는 기존 스포츠 리그에 대한 생각
이 궁금하다.

스포츠의 역사에서 생물학적 성이 무엇인지에 대한 논의도
자주 나왔다. 문제는 무엇으로 여성과 남성을 가르는가이다.
그런 점에서 염색체의 성은 꽤 오랫동안 공고했다. 그러나 모
자이크 염색체 등, 반례가 생기자 상피 세포로 검사하는 방법
도 생겼고 호르몬 검사도 생겼다. 스포츠에서조차 '생물학적
성별'이 무엇인지 정의가 계속 달라져 왔다.

기록 차이가 분명한데 성별 구분이 아무 의미 없다고
할 수 있을까?

스포츠 경기의 형식은 다양하다. 엘리트 스포츠, 경쟁 스포츠,
생활 스포츠, 대학 리그 등. 그런데 이 모든 리그에서 모두 똑
같은 기준만을 적용할 수는 없다. 스포츠의 목적 중 하나가 순
위를 가르는 것이라고 했을 때, 평균적으로 엘리트 체육인의
운동 능력이 성별에 따라서 차이가 나는 건 사실이다. 그런 부
분을 완전히 의미가 없다고 할 수는 없다. 하지만 한편으로는

그것이 과연 무조건 타당한 것인지도 증명이 필요하다고도 생각한다. 스포츠에서 무조건 남성이 여성보다 우월하다는 인식을 줄 수 있기 때문이다.

이를 대체할 수 있는 다른 기준은 없을까?

굉장히 실험적인 외국 논문을 본 적이 있다. 다른 변수는 모두 배제하고 테스토스테론만 운동에 영향을 준다고 가정을 한 상태에서, 테스토스테론 레벨에 따라서 어드밴티지를 준다. 예를 들어 100미터 달리기를 한다면 테스토스테론이 많은 사람은 110미터, 적은 사람은 100미터, 더 적은 사람은 90미터를 뛰게 하는 것이다. 물론 양적으로 쉽게 측정 기준을 나눌 수 있는 건 아니지만 굉장히 흥미로운 아이디어라고 생각한다. 결국 성별이 아닌 다른 분리 방식이 있다면 가능한 것 아닌가. 지금은 성별이 가시적이고 성별로 분리하면 공정해 보이니까 그렇게 하지만, 다른 공정한 기준이 있을 수도 있다는 것을 한 번 생각은 해봐야 한다는 것이다.

여성 선수들이 제기하는 트랜스 여성 선수에 대한 역차

별 논란은 어떻게 생각하는가?

이것도 공정성의 정의에 관한 문제다. '스포츠는 과연 공정한 가?'라는 질문을 먼저 던져봐야 한다. 더불어서 이는 각자가 처한 상황에 따라 다를 수밖에 없다. 고등학생 인터섹스 스포츠 선수를 다룬〈(그)녀(s)he〉라는 짧은 영화가 있다. 주인공은 인터섹스고 법적 성별은 여성이다. 그런데 선천적으로 테스토스테론이 다른 여성보다 높다. 주인공은 학교 소속 수영 선수인데, 늘 호르몬 억제제를 먹고 경기를 한다. 하지만 억제제를 먹으면 부작용이 있다. 어느 순간 이를 먹지 않겠다고 얘기하며 학교와 다투게 된다. 이 영화에서 이런 장면이 나온다. 한 친구가 '네가 테스토스테론 억제제를 안 먹고 뛰는 건 공정하지 않잖아'라고 하니까 주인공은 이렇게 반문한다. "그럼 내가 이렇게 태어난 건 공정한 거냐"라고.

필연적인 불공정성이 존재한다는 말인가?

스포츠에서는 공정성이 중요하고 노력이 강조되지만 선천적으로 다르게 타고나는 조건도 있지 않나. 기본적으로 스포츠는 타고난 신체 능력을 다루는 경기다. 각자 처한 환경적·사회적 조건이 다르기도 하다. 더 좋은 조건 속에서 더 대단한 과학적 트레이닝을 받는 사람이 있는가 하면 전혀 그런 트레이닝을 못 받는 사람도 있다. 그런데 경기에 나오는 선수들이 그런 트레이닝 과정을 모두 비슷하게 맞출 수도 없지 않나. 장비를 이용한 스포츠에서는 장비의 질이나 종류에 따라 경기 능력이 달라지기도 한다. 경기복의 경우도 마찬가지다. 이런 변수를 통제를 하려고는 하지만 그걸 뚫고 나가는 사례들이 계속 있다.

다만 트랜스젠더의 경우 직접적인 신체 변형이 원인 아닌가?

더 직접적인 신체 변형의 사례도 있다. 루마니아의 테니스 선수 시모나 할렙Simona Halep은 가슴 축소 수술을 받았다. 가슴이 너무 커서 테니스 하는 데에 방해가 된다는 이유였다. 그리고 가슴 축소 수술을 받은 후 경기력이 눈에 띄게 향상됐다. 일종의 수술을 통해서 신체를 바꿈으로써 경기력을 향상한 것이다. 그런데 이것에 대해서는 아무도 문제 삼지 않는다. 인터넷에서 약간 화제가 되기는 했다. 공정하다고 하지만 신체 조건이 다 다르기도 하고, 누군가는 신체를 변형시키기도 하고, 누구는 더 좋은 장비를 쓴다. 스포츠라는 게 모든 조건을 완벽히 통제한 상태에서 이루어지는 게 아니라는 점은 분명하다. 그렇다면 여기서 중요한 건 트랜스 여성이 다른 여성 선수에 비해 신체적 이득이 있다고 했을 때, 그 이득이 스포츠가 허용하는 공정을 넘는지 아닌지다.

관련해 가장 최근의 논란은 책에서도 비중있게 소개하는 리아 토머스의 사례다.

토머스도 마찬가지다. 문제는 토머스가 트랜스젠더라서 무조건 우승을 하고 있는 것인지, 아니면 이 사람이 원래 수영을 잘했던 사람인데 거기에 신체 능력이 더해져 더 잘하는 것인가, 그런 것들을 엄밀하게 봐야 한다. 너는 원래 남자였으니까, 사춘기 때 테스토스테론의 영향을 받은 사람이니까 더 잘하는 것이라고 속단하는 건 반대로 말하면 여성들은 무슨 짓을 해도 남성들한테 안 된다는 의미가 된다. 그런 식의 논의가 되면 안 된다. 엘리트 스포츠이기에 일정 부분 선을 긋는 것 자체를 반대하지는 않는다. 다만, 단순히 '남성이었으니까 무조건 더 잘할 거야. 그러니까 무조건 들어오면 안 돼'가 아니라 각 개인의 조건이나 경기력을 좀 더 면밀하게 판단해야 헌다는 것이다.

역대 여성 선수에 비해 토머스의 기록이 그렇게 압도적

이진 않다는 보도도 있었다. 테스토스테론이 경기력에 미치는 영향력에 대해선 어떻게 생각하나?

보통 테스토스테론이 높으면 더 운동을 잘한다고 하지만 종목마다 다르다. 역도처럼 순간적으로 근력을 발휘하는 운동인지, 육상처럼 지구력이 필요한 운동인지, 수영처럼 근력과 지구력이 동시에 필요한 운동인지를 봐야 한다. 이렇게 종목에 따라서도 호르몬의 영향이 다르게 나타나기에 각각의 기준이 필요하다는 것이다.

현행 제도와 기준에 관하여

IOC와 종목별 스포츠 단체, 대학 리그의 현재 규정에 대한 의견이 궁금하다.

IOC는 2015년에 트랜스 여성 선수는 12개월 이상 1리터당 10나노몰 이하의 테스토스테론 수치를 유지해야 한다는 규정을 뒀다. 그 규정이 폐지되고 2020년에는 '프레임워크'라고 해서, 일률 규정이 아니라 각각의 종목이나 케이스에 맞춰서 과학적으로 판단해야 한다는 규정이 생겼다. 결국 일률적으로 규정을 적용하는 게 과학적으로 검증되지도 않았으며,

종목마다 차이를 반영하지도 못했기 때문이다.

일괄적인 규정보다 종목별로 특화된 규정이 더 낫다고
보나?

특화된 기준이 맞을 것 같다. 말했듯 종목마다 영향을 미치는
신체·환경적 요소에 큰 차이가 있다. 호르몬의 영향도도, 관
련 논문을 보면 육상, 역도, 구기 종목 등에 따라 다 다르다.
그래서 모든 종목에 '호르몬 얼마 이하'와 같이 규정할 수는
없다.

로렐 허버드와 리아 토머스는 현행 규정의 대표적 이해
당사자다. 이들의 올림픽 출전 혹은 금지에 대한 의견
이 궁금하다.

로렐 허버드는 주목도에 비해 올림픽 경기 결과가 그렇게 좋
지는 않아 논란이 일찍 끝나버린 것 같다. 이 사람이 만약에
우승을 했다면 논란이 매우 커졌을 거다. 리아 토머스에 적용
되는 FINA의 규정은 다소 일방적인 감이 있다.

'청소년기를 전환한 성으로 보내지 않았으면 안 된다'

는 규정 말인가.

그렇다. 그렇게 일률적으로 적용한 건 IOC가 새로 규정한 프
레임워크에 맞지 않는 것 같다. 청소년기를 전환한 성으로 보
내지 않은 사람은 무조건 더 이득을 본다는 기준이 충분히 검
증된 건지 잘 모르겠다. 이 제도에 따르면 수영 선수를 하기
위해서는 청소년 전에 이미 전환을 해야 한다. 하지만 그건 대
부분의 경우에 불가능하다. 어린 시절에 성 정체성을 깨닫고
성전환을 하는 사람도 있고, 청소년이 된 이후에 깨닫는 사람
도 있을 것이고, 어릴 때부터 깨달았지만 부모님 지원이 없어
서 트랜지션을 못 하는 사람도 있다. 그 사람한테 "이제 넌 엘
리트 수영 선수는 영원히 할 수 없어. 하려면 트랜스젠더끼리
만 수영을 하든가"라는 메시지를 주는 것은 사회에 해악을 끼
친다. 트랜스젠더는 공정한 스포츠에 낄 자격이 없는 사람들
이라는 의미가 된다.

　IOC는 트랜스젠더 규정 관련 스포츠 단체에 자율권을
　부여했다. 종목 논의는 잠시 접어두고, 나라별로 문화
　나 제도가 반영된 형태가 낫다고 보는가. 아니면 일괄

적으로 적용하는 게 나을까?

각국의 자치에 대한 자율성도 필요하긴 한데 한국처럼 차별
금지법이 없는 나라도 있고 미국처럼 '타이틀 나인Title IX'으로
차별금지법이 마련된 나라도 있어, 원칙적인 부분에 있어서
는 국제적 기준들이 필요할 것 같다. 각국에서 달성해야 할 최
상의 이상적인 목표를 제시하는 게 '국제 인권 규범'이다. 그
리고 국제 인권 규범에 맞춰서 원칙들이 세워져야 한다는 게
근대 인권법의 기본 사상이다. 국제연맹이 얼마나 거기에 부
합하는 규정을 세울 수 있는가는 또 다른 문제긴 하다. 어쨌든
스포츠는 국내 리그만 하는 게 아니고 대부분 인터내셔널 리
그를 함께 열기 때문에 포괄적 원칙에 있어서는 국제 스포츠
기준이 통일될 필요가 있다.

제도에 있어 엘리트 스포츠와 학생 리그, 생활 스포츠
등을 구분하는 것도 중요한 것 같다.

맞다. 전미 럭비협회도 트랜스 여성 선수들은 여성 리그에서
뛸 수 없다는 규정이 있다. 하지만 단서조항이 있다. 프로 경
기에만 해당되는 규정이며, 풀뿌리 스포츠나 사회인 리그에
는 전혀 관여하지 않는다는 점이다. 이 규정을 다른 곳에 적용

해서 배제하지 말라고 명시해 뒀다. 캐나다 스포츠 윤리센터에도 비슷한 가이드라인이 있다. 모든 학교 스포츠와 생활 스포츠에서는 평등이 훨씬 더 중요한 가치다. 공정성을 오용해배제하면 안 된다. 경기에 따라서 더 명확히 구분하는 게 필요한 것 같다.

한국의 트랜스젠더 선수들

<u>국내에는 트랜스젠더 엘리트 선수가 없나?</u>

국내에는 여자 야구팀에 트랜스젠더 선수가 있어 2000년대에 화제가 된 적이 있다. 그 뒤로는 알 수 없다. 그전에도 90년대 초에 아마추어 스포츠 리그에 트랜스젠더 선수가 있다면서 기사가 난 적이 있을 것이다.

<u>세계적으로 트랜스젠더 엘리트 선수들이 늘고 있는데국내에선 그럴 가능성이 없을까?</u>

한국 상황을 고려하면 회의적이다. 트랜스젠더는 대부분 학교 수업도 제대로 못 들어서 자퇴하는 경우가 많다. 엘리트 스포츠를 하려면 학교에서부터 계속 배워야 한다. 일반 학교 생

활도 차별 때문에 적응하지 못하고 자퇴하는 마당에 체육부에 들어서 배우는 게 가능하겠는가. 성 정체성을 편하게 드러낼 수 있는 환경이 안 갖춰진다면 아무리 본인이 하고 싶어도 프로 선수가 되기는 정말 어려울 것이다.

직접 주최에 참여한 '퀴어 여성 게임즈' 얘기도 빼놓을 수 없겠다.

2018, 2019년에 성 소수자 단체와 함께 '퀴어 여성 게임즈'라는 여성 성 소수자 생활 체육 대회를 진행했다. 아마추어 생활 체육 리그다. 코로나 때문에 못 하다가 올 2022년부터 다시 진행할 예정이다. 이것도 성별 구분 없이 한다. 여성 성 소수자 생활 체육 대회지만 남성 성 소수자도 같이 뛸 수 있게 했다. 실제로 2018년에 남성 동성애자분들도 팀을 이뤄서 대회에 나갔다. 그러니까 항의하는 여성분들이 있었다. "아니 왜 남자랑 같이 뛰냐, 우리가 불리하지 않냐"는 것이었다. 여담이지만 아무리 봐도 그분들이 남성 팀보다 잘 뛸 것 같긴 했다. (웃음) 왜냐하면 이 남성 팀은 평소에 전혀 운동을 안 하는 사람들이 그냥 대회가 재밌어 보여서 참가한 것이었기 때문이다.

결과는 어땠나?

결국 꼴등했다. (웃음) 생활 체육에서는 평소 운동을 하는 사람이 잘하는 거지, 남성이라고 무조건 잘하는 게 아니다. 특히 근력 대결이 아닌 달리기 대결 같은 경우는 더 그렇다. 오히려 끝나고 나니까 항의하셨던 분들이 "내가 약간 잘못 생각했던 것 같다. 굳이 그렇게 예민하게 생각할 필요가 없었던 것 같다"고 말해주셨다. '나는 뭘 해도 남성들한테 못 이길 거야. 어차피 남성에 비해서는 운동 능력이 떨어져서 질 거야'와 같은 생각이 있었는데, 막상 경기를 해보니 중요한 건 자신의 숙련도와 트레이닝이었다는 걸 깨달은 것이다.

언젠가 한국에서도 트랜스젠더 엘리트 스포츠 선수들이 나올 것이다. 한국은 논의의 출발점에는 서 있나?

'모두를 위한 스포츠Sports for all'라는 프레임워크가 있다. 이에 따라 발족된 스포츠 혁신위원회가 문재인 정부 때부터 몇 차례 권고안을 내 왔는데 성 소수자 관련 내용도 담길 것이다. 스포츠 기본법 제정 등은 유네스코가 이미 60년도쯤에 제시했던 것이다. 모든 사람이 차별받지 않고 스포츠에 참여하기 위해서 국가가 적극적 조치를 해야 한다는 스포츠 기본법이 우리나라에서는 2021년 8월에 만들어졌다. 모든 사람은 스포츠에서 차별받아서는 안 되고, 국가는 특히 소수자들을 위해 스포츠를 지원해야 한다는 내용이다. 따라서 기본 틀은 갖춰졌다. 다만 실천을 안 하는 게 문제다.

논의가 구체화되려면 어떤 것들이 필요할까?

일단은 이 논의에서 문제시되는 사례에 트랜스젠더 선수 이야기는 잘 다뤄지지 않고 있다. 따라서 다른 사례들이 많이 발굴됐으면 한다. 체육회의 노력이 더해지면 너무 좋을 것 같다. 인권위도 좋다. 트랜스젠더 선수들이 우리와 함께 뛰고 있는 것 자체가 많이 알려졌으면 한다. 지금 문제라고 얘기되는 몇몇 사례 외에 분명히 생활 체육 리그나 엘리트 리그에서도 문제없이 같이 뛰는 사례들이 많을 거다. 그런 것들은 조명되지 않으면서 특정한 사례들만 논란거리로만 만들어 보니 사람들이 일단은 거부감을 느낄 수밖에 없다. 애초에 이 논의가 거부감을 느낄 수밖에 없는 구조로 국내에 소개된 것 같다. 한국에서 트랜스젠더가 스포츠 한다고 하면 주로 인용되는 사례들은 다 지난하게 싸우고 소송하고, 뭘 바꾸고 안 된다고 하고 이런 것밖에 없으니까. 내가 트랜스젠더나 동성애자랑 같이 야구를 한다, 축구를 한다, 달리기를 한다, 이런 것들은 아예

상상을 못하는 것이다. 그러다 보니 점점 트랜스젠더를 배척하는 쪽으로 가게 된다. 그렇기 때문에 긍정적인 사례들이 계속 조명받으면 좋겠다.

아무래도 미디어는 논란이 되는 사례에 집중하게 되고 그것이 해외 엘리트 스포츠에서 많이 발생하기 때문인 것 같다. 생활 스포츠로도 논의를 확장할 수 있겠다.

지금은 외국의 사례들이 일종의 사건 위주로 보도되지 않는가. 그런데 대부분의 사람들은 엘리트 스포츠가 아니라 생활 스포츠를 한다. 엘리트 스포츠를 하는 사람이 얼마나 되겠는가. 대부분은 동네에서 농구 하거나, 배드민턴 하거나, 달리기를 한다. 하지만 지금과 같이 보도됨으로써 마치 모든 스포츠에서 트랜스젠더를 배제해야 하는 것처럼 오염되는 게 아닌가, 그런 생각이 든다.

생활 스포츠에는 트랜스젠더를 포함한 성 소수자 선수의 긍정적인 사례가 실제로 많은가?

생활 스포츠에서는 성 소수자들이 꽤 많이 뛰고 있다. 특히 여자 야구 리그에는 동성애자 여자들이 많다. 나도 여러 스포츠를 즐기는데 여자 리그를 뛸 때, 여자 축구도 그렇고 나 때문에 본인들이 되게 불편해한다. 서로의 성 정체성이나 지향성에 대해 쉬쉬하게 된다. 왜냐면 특히 생활 스포츠는 끝나고 나서 같이 술도 먹고 놀고 얘기하는 것도 하나의 목적이기 때문이다. 그냥 경기만 하고 헤어지는 게 아니다. 그러려면 자기의 사생활 등 많은 것을 얘기할 수 있어야 하는데, 성 소수자의 경우 이런 것들을 드러내는 게 쉽지 않다. 그래서 아예 별도로 팀을 만들기도 한다.

'퀴어 여성 게임즈' 대회 같이 퀴어 스포츠팀이 있다는 말인가?

그렇다. 퀴어 여성 스포츠 팀을 만들면 눈치 보지 않고 커밍아웃 할 수 있으니까. 퀴어 여성 풋살팀도 있고 페미니스트 농구단도 있다. 여기는 이성애자도 있긴 하지만 커밍아웃이 자유로운 곳이다. 이렇게 퀴어 가운데서도 스포츠를 즐기는 사람들이 많이 존재하는데 한국에서는 트랜스젠더든 성 소수자든 실생활 속에서 "난 성소수자야"라고 얘기하고 같이 놀 수 있는 문화가 전혀 갖춰지지 않은 상태라고 볼 수 있다. 이런 상황에선 아무리 외부의 균형과 제도가 어떠니 정책을 만드니, 하더라도 소용이 없을 것 같다.

포괄적인 스포츠 인권이 논의되어야 한다는 말로 들린다. 한국 스포츠계 역시 인권 사각지대로 불리고 있지 않나.

현재 인권위에서 스포츠 인권 가이드라인을 개정 중이고 나역시 참여해 활동하고 있다. 한국에서 스포츠 관련된 인권 논의가 전무하다고 느끼는 이유를 단적으로 표현하자면, 한국에서 스포츠 인권은 '덜 때리는 것'이다. 덜 때리고 덜 학대하면 인권을 존중하는 것이다. 그러니까 우리 사회에서는 인권을 배려하고 존중하고, 이를 위한 제도를 만드는 단계가 아니라 때리고 욕하지 않으면 그게 인권이다. 그래서 소위 체육회 같은 체육인들 사이에서도 그런 인권과 평등 논의가 뜬구름 잡는 얘기처럼 들리는 상황이다. 갈 길이 멀다.

논의는 어디서부터 출발해야 하는가

다양한 얘기를 나눴다. 제도적 개선, 과학적 입증, 사회 인식의 변화 중 어떤 부분을 우선하거나 주안점을 둬야 할까?

우선순위와 중요도를 꼽을 수 없을 정도로 세 가지 모두 중요하다. 어찌보면 가장 쉬워보이면서도 어려운게 과학적 입증인데, 일단 트랜스젠더 관련 데이터가 너무 적다. 트랜스젠더들이 호르몬을 주입한 이후의 스포츠 능력을 평가한 것으로 가장 많이 인용되는 연구가 있는데 이는 2011년인가에 나온 것이다. 이 연구는 육상 능력을 측정한 것인데, 이것이 IOC가 리터당 10나노몰을 규정한 근거가 됐다. 그 연구의 샘플도 열몇 명 정도밖에 안 된다.

표본 집단을 적게 구성할 수밖에 없던 이유는 무엇일까?

커밍아웃하며 이를 측정하겠다고 응해줄 사람을 모을 수가 없던 것이다. 이 사람들이 못 나오는 이유는 그만큼 사회 분위기가 적대적이기 때문이다. 그러니까 뭐가 먼저여야 한다고 할 수가 없다. 과학적 입증을 하려면 대상이 있어야 하는데, 그 대상이 나오기 위해서는 사회 인식이 변해야 하고, 사회 인식이 변하려면 또 제도가 바뀌어야 한다. 다 동시에 이루어지는 것이다. 하나를 집어서 먼저라고 하기는 어렵다. 스포츠만이 아니라 모든 차별 문제에 있어서도.

일본의 연구 결과를 보면 트랜스젠더의 생활 체육 참여

에는 호의적이다. 일본이랑 한국이랑 비슷한 문화를 공유하고 있는데 한국과 사뭇 다른 데에는 어떤 이유가 있다고 생각하나?

일본이라는 나라 자체가 트랜스젠더를 포함 모든 성 소수자에 대해 한국보다 수용도가 좀 더 높다. 여러 요인들이 있는데 일단 일본은 종교가 그렇게 강하지 않다. 일본은 종교 인구가 거의 없는 수준이고 다 합쳐야 5퍼센트도 안 되기 때문에 보수 개신교처럼 극렬하게 반대하는 사람들이 없다. 일본 퀴어 문화 축제에 가도 반대 단체가 거의 안 보인다. 있어봤자 한 스무 명 정도. 일본 도쿄 레인보우 프라이드에는 아예 보이지도 않는다. 방송 문화의 영향도 있다. 우리나라에서 홍석천, 하리수 씨가 방송에 등장한 게 2000년대인데, 일본 방송에서는 그전부터 트랜스젠더나 성 소수자 연예인들이 많이 나왔다. 유명한 분들도 많다. 따라서 전반적으로 엘리트 선수에 대한 제도는 미비하지만 사회적인 수용도는 높은 것이다.

사회적 논의를 끌어냄에 있어 평등과 공정이라는 키워드는 쉽게 상충하는 것으로 보인다. 지금까지의 인터뷰는 어느 쪽의 키워드에 가깝다고 생각하나.

공정이라는 말이 좀 왜곡된 채 사용되는 것 같다. 원래 페어니스fairness는 능력주의만을 얘기하는 게 아니고 페어니스와 이퀄리티equility는 구분되는 전혀 다른 개념이 아니다. 페어니스는 기회 평등, 능력주의고 이퀄리티는 결과의 평등 이렇게 구분할 것이 아니다. 저스티스justice라는 개념 속에서 통일해볼 수가 있다. 모든 사람이 자기가 선택할 수 없는 요소로 인해 감당할 수 없는 불이익을 받지 않아야 한다는 것도 정의의 범주다. 거기에 공정과 평등이 다 포함된다. 공정을 이런 맥락에서 이해하는 게 필요하다.

주

1 _ 이 책에서는 성 소수자 선수들의 성별 인칭대명사(pronoun)가 각종 언론 보도 등에 서 선수 각자의 인용을 통해 명시되지 않은 경우, 일차적으로 '그'라는 표기로 통일했다.

2 _ 성별 혹은 성 정체성을 기존의 이분법적인 성별 구분(Gender binary)으로 나누지 않 는 사람들을 지칭한다. 자신의 성을 따로 지칭하지 않는다.

3 _ Brittany Chain, 〈EXCLUSIVE: How the first transgender Olympic weightlifter was 'shy' at school, spent her days training in the gym and even captained her all-boys team - as her peers recall 'Gavin' was ALWAYS uncomfortable around them〉, 《Daily Mail》, 2021.07.04.

4 _ Jack Wright, 〈BBC did NOT screen live coverage of trans weightlifter Laurel Hubbard after warning it would report viewers who questioned her right to compete as a woman to 'authorities'〉, 《Daily Mail》, 2021.08.03.

5 _ James Ellingworth and Sally Ho, 〈Transgender weightlifter Hubbard makes history at Olympics〉, AP News, 2021.08.02.

6 _ Piers Morgan, 〈PIERS MORGAN: Allowing a transgender weightlifter to compete in the Tokyo Olympics is a terrible mistake that destroys women's rights to equality and fairness - and will kill the Olympic dream for female athletes〉, 《Daily Mail》, 2021.07.21.

7 _ D'Arcy Maine, 〈Olympics 2021: Transgender weightlifter Laurel Hubbard's night ended early, but she made Olympic history〉, ESPN, 2021.08.03.

8 _ Robert Bridge, 〈'Identities don't play sports, bodies do' - how trans women hijacked female sport〉, RT, 2022.1.23.

9 _ Tariq Panja, 〈Laurel Hubbard Had Her Moment. Now She'd Like Her Privacy.〉, 《The New York Times》, 2021.08.03.

10 _ Adam Love, 〈Media Framing of Transgender Athletes: Contradictions and

Paradoxes in Coverage of MMA Fighter Fallon Fox〉,《LGBT Athletes in the Sports Media》, 2014.11.24., pp. 207 – 225.

11 _ 손석희,《장면들: 손석희의 저널리즘 에세이》, 창비, 2021., 240쪽.

12 _ 피터 스티븐(이병렬 譯),《언론 이야기: 세상을 바꾸는 힘》, 행성B, 2016., 23쪽.

13 _ 최문선, 〈[36.5℃] '기레기' 없는 세상에 살고 싶다면〉,《한국일보》, 2019.10.03.

14 _ 티머시 스나이더(유강은 譯),《가짜 민주주의가 온다: 도둑 정치, 거짓 위기, 권위주의는 어떻게 권력을 잡는가》, 부키, 2019., 180쪽.

15 _〈러시아: 체첸 당국, 동성애자 고문 등 탄압 재개〉, 국제엠네스티, 2019.01.17.

16 _〈FIVE WEIGHTLIFTERS NAMED TO NEW ZEALAND OLYMPIC TEAM〉, 뉴질랜드올림픽위원회, 2021.06.21.

17 _〈Lia Thomas plans to keep swimming – with an eye on Olympics〉, AP News, 2022.06.01.

18 _ Carbmill Consulting, 〈SCEG Project for Review and Redraft of Guidance for Transgender Inclusion in Domestic Sport 2021〉,《INTERNATIONAL POLICY REVIEW 2021》, 2021.

19 _ Benjamin James Ingram, Connie Lynn Thomas, 〈Transgender Policy in Sport, A Review of Current Policy and Commentary of the Challenges of Policy Creation〉,《Curr Sports Med Rep》, 18(6), 2019., pp. 239-247.

20 _〈NCAA adopts new policy for transgender athletes〉, AP News, 2022. 01.21.

21 _ Kamasz Ewelina, 〈Transgender people and sports. Journal of Education〉,《Health and Sport》, 8(11), 2018., pp.572-582.

22 _ Emma N. Hilton & Tommy R. Lundberg, 〈Transgender Women in the Female Category of Sport: Perspectives on Testosterone Suppression and Performance Advantage〉, 《Sports Medicine》, 51, 2021., pp.199-214.

23 _ Sephali Acharya et al, 〈Correlation of hemoglobin versus body mass index and body fat in young adult female medical students〉, 《National Journal of Physiology, Pharmacy and Pharmacology》, 2018.

24 _ Joanna Harper, 〈Race Times for Transgender Athletes〉, 《Journal of Sporting Cultures and Identities》, Common Ground Research Networks, 2015.

25 _ Dr Georgina Stebbings et al, 〈The BASES Expert Statement on Eligibility for Sex Categories in Sport: Trans Athletes〉, 《The Sport and Exercise Scientist》, 68, The British Association of Sport and Exercise Sciences, 2021.

26 _ Anna Wiik et al, 〈Muscle Strength, Size, and Composition Following 12 Months of Gender-affirming Treatment in Transgender Individuals〉, 105(3), J Clin Endocrinol Metab, 2019.

27 _ Joanna Harper et al, 〈How does hormone transition in transgender women change body composition, muscle strength and haemoglobin? Systematic review with a focus on the implications for sport participation〉, 《British Journal of Sports Medicine》, 55, 2021., pp. 865-872.

28 _ Roberts TA, Smalley J, Ahrendt D, 〈Effect of gender affirming hormones on athletic performance in transwomen and transmen: implications for sporting organisations and legislators〉, 《British Journal of Sports Medicine》, 55, 2021., pp. 577-583.

29 _ Scharff, M et al, 〈Change in grip strength in trans people and its association with lean body mass and bone density〉, 《Endocrine Connections》, 8(7), pp. 1020-1028.

30 _ Austin Carmody, 〈Are Swimmers Good Runners? (Here's What the Research

Says)〉, Hydropursuit.

31 _ Birnbaum A, Karamitopoulos M, Carter CW, 〈Musculoskeletal health considerations for the transgender athlete〉, 《The Physician and Sportsmedicine》, 2022.

32 _ Swan D, Carter-Brzezinski L, Thachil J., 〈Management of venous thromboembolism in athletes〉, 《Blood Reviews》, 2021.

33 _ George B. Cunningham, Erin Buzuvis and Chris Mosier, 〈Inclusive Spaces and Locker Rooms for Transgender Athletes〉, 《Kinesiology Review》, 7(4), 2018.

34 _ Flores, A.R. et al., 〈Public Attitudes about Transgender Participation in Sports: The Roles of Gender, Gender Identity Conformity, and Sports Fandom.〉, 《Sex Roles》 83, 2020., pp. 382 – 398.

35 _ Westbrook, L., Schilt, K., 〈Doing Gender, Determining Gender: Transgender People, Gender Panics, and the Maintenance of the Sex/Gender/Sexuality System.〉 《Gender & Society》, 28(1), 2014., pp. 32 – 57.

36 _ Erik Denison and Richard Pringle, 〈Majority of female athletes support the inclusion of transgender women〉, 《The Sydney Morning Herald》, 2022.04.19.

37 _ Chikako Tanimoto and Koji Miwa, 〈Factors influencing acceptance of transgender athletes〉, 《Sport Management Review》, 24(3), 2021., pp. 452-474.

38 _ Meerwijk EL and Sevelius JM., 〈Transgender Population Size in the United States: a Meta-Regression of Population-Based Probability Samples〉, 《Am J Public Health》, 107(2), 2017.

39 _ Anderson L, Knox T and Heather A., 〈Trans-athletes in elite sport: inclusion and fairness〉 《Emerg Top Life Sci》, 3(6), 2019., pp.759-762.

북저널리즘 인사이드　　모두의 운동장을
　　　　　　　　　　위하여

한국 사회에서 이른 논의임을 알지만 기획하고 출간해야 했다. 이 책은 트랜스젠더의 스포츠 참여에 대해 이념과 정치 성향, 편견, 혐오가 가린 시시비비를 엄밀히 논해보는 책이다. 명쾌한 답이나 시원시원한 주장은 없다. 그만큼 팽팽한 문제를 다뤘다. 성 소수자의 포괄적 스포츠 접근성 강화는 많은 이들이 지향하는 바다. 다만 주제와 대상을 넓히면 쉽게 다양성에 대한 담론으로 귀결된다. 포괄적 논의로 가는 길목에 까다로운 공정 담론 하나가 숨어있다. 바로 '시스젠더 여성'의 '엘리트 스포츠' 리그에 '트랜스 여성'이 참여하는 것이 타당하냐는 물음이다. 메달엔 감정이 없고 기록만 있을 뿐이다. 공론화할 것은 산적했지만 이 문제에 좁게 집중한 이유다.

늘 나뉘어 있는 여론은 상수다. 다양한 변수를 고려해야 했다. 제도적으로 문제가 없는가, 생물학적으로 정말 불공정한가 등은 이 책이 다투고자 하는 핵심 쟁점이다. 특히 가장 언론의 주목도가 높았던 로렐 허버드와 리아 토머스의 이야기를 중심으로 구성했다. 허버드가 2020 도쿄 올림픽에 등장하며 도화선을 놓았다면 토머스는 이에 본격적으로 불을 지폈다. 그들이 정말 경기에서 불공정한 이익을 취하고 있는지에 대한 심도 있는 논의는 찾기 어려웠고 특히 국내에는 잘 소개되어 있지 않았다.

미국에서 특히 토머스의 사례가 크게 회자되는 이유는

자명하다. 바이든 정부는 출범 이후 우크라이나 전쟁·에너지 위기·인플레이션 등 거시 환경으로 인해 지지율 고전을 면치 못하며 공화당의 약진을 허용했다. 이 문제 역시 중간선거를 앞두고 선거 운동을 하는 과정에서 문화 전쟁의 틀로 논의되고 소비되고 있다. 경기 침체 우려의 파고가 높은 상황에서 로 대 웨이드 판결의 번복도, 소수자들의 권리도 선거 전략에서 뒷순위로 밀렸다. 토머스의 사례는 언제든 로 대 웨이드 판결처럼 비화할 가능성이 있다. 판례가 중요한 영미법에서 이 문제가 만약 미국 연방 대법원 판사들의 이념에 따라 결판난다면 트랜스젠더, 특히 트랜스 여성의 엘리트 스포츠 참여 기회는 장기간 박탈당할 것이다.

보통 어떤 국가에서 생활 체육의 특정 종목이 발달하면 프로·아마추어 리그 등 엘리트 스포츠에서 강점을 보이게 마련이다. 다만 그 역도 성립한다. 특히 소수자에 있어 엘리트 스포츠와 스포츠 스타의 상징성은 크다. 진로의 문제이자 롤 모델의 문제이기 때문이다. 게다가 이는 생활 체육이라는 저변에 성 소수자가 자유롭게 참여할 수 있느냐를 결정짓는 문제이기도 하다. 그리고 생활 체육은 신체·정신 건강 문제로 이어진다. 바라보며 꿈을 키울 수 있는 대상과 환경의 부재는 학생 또는 저연령층의 생활 체육 참여 의지를 위축하고 동류 집단으로부터의 차별을 부를 수 있다. 이 문제는 다시 건강 문제로 이어진다. 악순환이다. 한 가지 확실한 것은 더 많은 성소수자를 엘리트 스포츠에서 만나는 것이 스포츠의 공정 신화만큼이나 중요하다는 점이다.

대표성은 그래서 중요하다. 이 책을 펴내며 당사자성이 있는 박한희 변호사의 의견을 담을 수 있었던 것 역시 그 덕이다. 인터뷰를 진행하며 우리 사회가 얼마나 공평과 공정을 쉽게 배치背馳시키는지 돌아본다. 이 책은 엘리트 스포츠가 추구하는 정의justice에 대한 고찰이지만 훗날 성 소수자 엘리트 선수가 등장할 한국 사회엔 훨씬 더 거시적이고 근본적인 물음이 기다리고 있다. "무엇이 정의인가?"

이현구 에디터